Wechselbäder

oder

Heiteres, Besinnliches,
Nonsens & Noppes in Reimen

Hans Heinrich Blume
Koloriert von Sabine Goriss

Herstellung und Verlag:
Books on Demand GmbH, Norderstedt
ISBN 978-3-8423-2826-6

Warum diese Zusammenstellung?

Der Verfasser hat, wie es scheint, eine besondere Beziehung zur Sprache, erst recht wenn sie in Reimen daherkommt.

Aber das ist dann auch beinahe schon alles. Denn, was in dieser Auswahl von Reimen zum Ausdruck gebracht werden soll, ist eigentlich nicht von solchem Gewicht, dass deshalb ein Aufschreiben und gar Veröffentlichen gerechtfertigt wäre.

Familiäre Anlässe, Begebnisse im Freundes- und Bekanntenkreis, in der Nachbarschaft, der Politik usw., regelmäßig wiederkehrende Jahreshöhepunkte, Naturbeobachtungen, alles profane Dinge aus dem Alltag, waren und sind ihm über eine Zeitspanne von etwa 33 Jahren Gründe für Einlassungen in gereimter Form.

Oft sind es auch Schüttelreime, die sich anbieten oder verdrehte Silben oder innerhalb der Silben vertauschte Buchstaben, die Skurriles, aber auch zum Schmunzeln verführende Ergebnisse bringen.
Die Lust an solch rustikaler Sprach- und Wortakrobatik ist dem Verfasser vielleicht schon im Kindesalter geweckt worden. Bereits den Neunjährigen hat 1944 fasziniert, wie aus dem damals in Thüringen residierenden NS-Gauleiter Saukel hinter vorgehaltener Hand der Sauleiter Gaukel wurde.
In späteren Jahren, das Silben- und Buchstabentauschen stellte sich inzwischen oft sogar automatisch ein, konnte das auch schon mal zu verfänglichen Situationen führen. So zum Beispiel bei regelmäßigem Grüßen des Gartennachbarn über den gemeinsamen Zaun hinweg. Der Nachbar war nicht nur ein mürrischer Zeitgenosse, sondern hatte auch den ungewöhnlichen Namen Mausolf. So hieß er (im stillen) schon bald Herr Saumolf. Wie schnell es hier zu einem den nachbarschaftlichen Frieden gefährdenden Versprecher kommen kann, ist leicht nachzuempfinden. Man muss nur beide Versionen einige Male hintereinander im Wechsel laut aussprechen.

Es sind unterschiedliche Aspekte denkbar, unter denen sich der Leser mit diesem Buch befassen könnte.
Zum Beispiel wäre möglich, statt einer Geburtstagskarte "von der Stange", hier einen individuell abgewandelten Gruß zu entnehmen und so mit einer besonderen Note zu gratulieren.
Bei genauerem Hinsehen kann auch das Auf und Ab eines durchschnittlichen Lebensganges verfolgt werden. Vielleicht ist dabei ein Vergleich mit dem eigenen Schicksal ganz interessant.
Der Faktor Zeit nimmt einen breiten Raum ein. Das Phänomen der Zeitbeschleunigung mit zunehmendem Alter dürfte gerade bei "reiferen" Leserinnen und Lesern manches zustimmende Kopfnicken aus eigener Erfahrung auslösen.
Und, zugegeben, gerade an diesen Personenkreis denkt der Verfasser insbesondere, wenn die Frage nach einem oft unter der Oberfläche verborgenen Daseinsgrund gestellt wird.
Dem unbedingten Wunsch, hier auf keinen Fall moralisierend, pastoral wirken zu wollen, dienen die vielen Noppes- und Nonsensbeiträge.

Sollte dieses Buch seinem Leser, seiner Leserin wenigstens abschnittsweise zu jenem stillen Vergnügen verhelfen wie es der Verfasser beim Erstellen der einzelnen Beiträge empfunden hat, wäre das die Antwort auf die oben gestellte Frage.

Bezeichnend ist
an meinen Reimen,
dass meist sie nur
im Unsinn keimen.

Nur ganz vom Zufall
leben sie.
So wie sich grade jetzt
reimt "Knie".

Und wehe,
wenn sie ernst und her.
Sie werden schwülstig
und bedeutungsschwer.

Drum laß ich
lieber jeden Sinn.
Schreib´ was mich anfliegt
einfach hin.

Könnt´ ich auch das
noch lassen sein,
vielleicht ging ich
in die Geschichte ein.

Meine Liebe!

Ich habe unsern Hochzeitstag vergessen! -
Was ist ein Tag zu einem Jahr,
in dem an jedem Tage ich versessen
und ganz verliebt in Dich gewesen war?

Denkst Du nicht auch, dass jeder Tag
an dem wir sind zusammen,
ist Hochzeitstag,
von unsrer Liebe ganz umfangen?

Denkst Du nicht auch, dass kleine Grillen, die uns plagen,
trübe Gedanken, sind nicht wert,
zu kürzen unser Glück an diesen wenigen Tagen,
die uns beschieden sind auf dieser Erd´ ?

So lass uns stets nach vorne schauen,
nur manchmal auch zurück.
Und bitten Gott, uns auch in Zukunft zu erhalten
das bisher froh gelebte Glück!

1990

In Mülheim-Heißen
Heissen zu heißen,
ich kann Ihnen sagen:
Das will etwas heißen.

Jeder fühlt sich vereiert,
weil man dort müllert oder meiert.
Dort heißt man Schulze oder Schmitz
und hält Heissen für einen Witz.

Doch wenn man begriffen, dass es wirklich so ist,
niemand den Namen so bald vergisst.
Und lange noch in diesem Land
ist man mit seinem Namen Heissen bekannt.

... nur guter Dinge.

Die Blumen und die Schmetterlinge
sind offensichtlich guter Dinge.
Ob die auch heut Geburtstag haben?
Sich deshalb gegenseitig laben?

Ich glaub´ ehr, das geht täglich so.
Sie sind ganz einfach immer froh.
Sie freuen täglich sich des Lebens.
Der Mensch versucht das oft vergebens.

Verbunden mit Bangen, Sorgen,
denkt er fast immer an morgen.
Hat kleine Kinder er, kann ich´s verstehen.
Er muss den Daseinskampf bestehen.

Für den gesunden Rentner lass ich solches nicht gelten.
Er ist Bewohner der schönsten aller Welten.
Er lebt wie im Schlaraffenland.
Ein Wunsch - Schon hat er´s in der Hand.

Er braucht wahrlich nicht mehr zu tun
als sich vom Wünschen auszuruh´n.
Und dieses gilt im weitern Sinn
genau so für die Rentnerin.

Zwar tut sie oft noch Haushalt machen
und mit den Enkeln manche Sachen.
Doch steckt dahinter nicht ein Muss.
Steht nicht der Sinn danach, macht sie halt Schluss.

Für diesen Status haben wir geackert
ab morgens, wenn die Henne gackert.
Bis manchmal selbst noch in der Nacht.
Der Mond hat uns drum ausgelacht.

Dass wir in den Genuss gekommen,
nicht vorzeitig davongeschwommen,
ist eine Gnade, kein Verdienst.
So lasst uns nutzen den Gewinnst.

Lasst uns genießen jede Stunde,
allein oder in großer Runde.
Sein wir wie Blumen und wie Schmetterlinge,
wenn´s eben geht, nur guter Dinge.

2000

Liebe Tochter!

18 wird der Mensch
            nur einmal
Denke dran und sei
            nicht dumm
Denn gewöhnlich erst
            nach Jahren
merkt man wie die Zeit
            geht um

Darum freu Dich Deiner
            Jugend
stets mit wachem Blick
            und Geist
Denn der größte Künstler
            der ist
der all´ Trübsal von sich
            weist!

                                            1981

Ganz wichtig ist beim
      Rampenlicht,
dass jemand alle
      Lampen richt´ !

Liebe Julia ! (ins Poesiealbum)

In jedem Fall,
macht jeder Donner
einen Knall.

Dabei ist jedoch
der Witz,
vorher kommt zuerst
ein Blitz.

Die Moral von
der Geschicht´:
Man spreche ohne
Denken nicht.

Denn Sprechen
ohne denken,
kann man getrost
sich schenken.

                                            1992

Guter Rat

Du aßest Linsen, Erbsen, Bohnen.
Da wird das Pupen sich wohl lohnen.

So kannst Du richtig mal entgasen.
Was besser ist als aufgeblasen
zu steigen langsam ping-pang-pong
hoch in die Luft wie ein Ballon.

Dabei wird mancher höhenkrank.
Drum nimm in Kauf halt den Gestank.

Ein Warzenschwein

Ein
         Warzenschwein
säuft
         schwarzen Wein.
Der soll ihm seine
         Warzen schwarzen.
Denn modisch sind heut´
         schwarze Warzen.

Du trinkst gern Wein …

Trinkst Du gern Wein,
trotz
      Magenleiden,
musst Du die sauren
       Lagen meiden.

Liebe Schwester !

Zum Geburtstag
der Dinge viele wünschen wir
Dir, Schwägerin und Schwester.
z.b., dass Dir schmecke stets
der Wein, das Bier, gelegentlich auch Trester.
Dass größer wird der Freunde Schar,
dass ausfällt nie Dein schönes Haar,
dass Peter immer zu Dir steht,
nicht nur, wenn ihn der Wind anweht,
dass guter Mut Dich stets begleite,
auch wenn sich einstellt mal ´ne Pleite,
dass immer die Kollegen,
sind freundlich Dir ergeben,
dass Du mit Deinen nackten Sohlen
wirst nie eine Erkältung holen,
dass Du noch lang wirst schöne Sachen,
für Dich, auch mal für Enkel?, machen,
dass auch vor allen Dingen,
Dir viele Fotos noch gelingen, und,
dass im schönen Kanton Bern
erhalten bleibt Dein deutscher Kern.
Doch "last not least" vor wirklich allen Dingen:
Gesundheit möge Dir gelingen.
Und das noch viele Jahre lang.
Auch glauben sollst Du fest daran.

Du siehst, im Wünschen sind wir gut.
Doch kommt es auch von Herzen.
Selbst wenn das ungezügelt´ Reimerblut
geneigt ist mal zu Scherzen.

1991

Mit 50 das Leben
fängt richtig erst an.
Erst ein halbes Jahrhundert
macht den ganzen Mann.

Mit 50 ist man,
wenn es auch kaum wundert,
nur halb so alt erst
wie mit 100.

Auch ist man
auf der Lebensreise
mit 50 noch nicht
immer weise.

Doch kann mit 50
Dir das Leben
noch sehr viel Schönes
und Neues geben.

Zum Beispiel die Ruhe
im Ehehafen.
Kannst ungestört
die Nacht durchschlafen

Und auch das
Stressen im Büro
berührt Dich nur
von weitem so.

Und keineswegs
ist´s Alterskränkeln,
wenn Du Dich freust
an Deinen Enkeln.

Steter Tropfen auf der Pirsch
schützt manchen kapitalen Hirsch

Besonders im Sommer
kriechen
    Zecken und Häune
ganz begeistert außer durch Wiesen
auch durch
    Hecken und Zäune

Unsagbar

Was ich denn wohl haben sollte,
weil ein wenig ich ihr grollte,
war zu wissen ihr Begehr. –

Dabei liebte ich sie sehr.

Ob sie nicht mehr reizend sei
wie in jenem Monat Mai,
war zu wissen ihr Begehr. –

Dabei liebte ich sie sehr.

Ob sie mir was zugefügt,
vielleicht zu Unrecht mal gerügt,
war zu wissen ihr Begehr. –

Dabei liebte ich sie sehr.

Ob sie nicht mehr attraktiv,
weil seltener ich mit ihr schlief,
war zu wissen ihr Begehr. –

Dabei liebte ich sie sehr.

Dass ich den Knoblauchduft aus ihrem Magen
nun absolut nicht kann vertragen,
war nicht zu wissen ihr Begehr. –

Ansonsten liebe ich sie sehr.
(Vielleicht lieb´ ich sie bald nicht mehr ?)

1991

Geburtstag Monika

Ob 14 oder 41!
Wo liegt schon groß der Unterschied?
Misst man die Zeit mit Gottes Elle,
so reicht sie grade für ein Lied.

Ein Lied, das uns das Leben schreibt,
mit gar nicht vielen Strophen,
erzählt von Menschlieb und −leid
und auch von Katastrophen.

Der Augenblick ist kurz,
da wir auf Erden sind.
Zu schnell sind wir zurück dahin,
wo alles seinen Ursprung find´.

Doch Er gab uns die Fähigkeit,
die Zeit uns auszudehnen.
Dass wir aus unserem Gefühl
manchmal ein Menschenleben lange wähnen.

Das tat er wohl mit gutem Grund
und wohl aus Vaterliebe,
dass nach verlor´nem Paradies
uns doch die Zeit für Freude bliebe.

Dazu ist Dir Dein neues Jahr
ganz ausdrücklich geschenkt.
Wenn Du bist glücklich, dehn die Zeit
und raff sie kosmisch, wenn Dich etwas kränkt.

Wir wünschen, dass Du diese Gabe
entwickelst Dir zur Meisterschaft,
und, dass im neuen Lebensjahre
Gott schenke Dir viel Lebenskraft.

1991

Jeder Mensch hat seinen Tick.
Das akzeptieren ist der Trick.

Kannst Du es nicht,
so solltest Du´s trainieren.

Den Zugewinn an Souveränität
kann ich Dir garantieren.

Ungekannt

Kommt mir vom Schlaf mein Geist zurück,
allmählich nur und widerwillig,
wird mir so manches Mal bewusst:
Nie wieder blauer oder weißer Drillich.

Trotz dieser guten Perspektiven
die ich so oft herbeigesehnt,
wenn andere noch friedlich schliefen
und ich zur Arbeit mich bequemt,

trotzdem in fünfundvierzig Jahren
ich glaubte dieses hätt´ verdient,
kann ich nicht unbeschwert genießen
die Zeit, die jetzt so schnell verrinnt.

Was ist dies ungekannte Wissen,
das in der Früh mich schon umtreibt,
nicht ruhen lässt in meinen Kissen?
Ob weiter ungekannt es bleibt?

Ist es vielleicht das Unbehagen:
Die Alten werden immer mehr?
Die Jungen wollten bald schon tragen
die viel zu große Last nicht mehr?

Ist es vielleicht ein höher Sehnen,
das in uns ruft ein Leben lang,
das jetzt, da mir mehr Zeit gegeben,
ertönt in einem neuen Klang?

Wenn ich nun, lauschend diesem Klang,
im Innern werde still,
ob ich dann noch erfahren kann,
was er mir wirklich sagen will?

Was ist dies ungekannte Wissen,
das in der Früh mich schon umtreibt,
nicht ruhen lässt in meinen Kissen?
Ob weiter unerkannt es für mich bleibt?

1998

Ein Walfisch,
der kann sein genügsam.
Denn manchmal lebt er tagelang
von einer einz´gen Lage Tang.

Ein Elefant,
am Schwanz was Gelbes,
bestaunt für sich
grad eben selbes.

Und fragt dabei:
"Wie kommt das nur,
vorhin war davon
nicht die Spur?"

Die Elephantin seufzt:
"Du hast vergessen,
dass grade Du
noch in Forsythien gesessen."

Da war etwas,
das ich gespürt,
das mich im Innern angerührt.

Da war etwas, von dem ich wusste,
dass es sich löst,
erst wenn ich huste.

Ich bin nur ein schlichter Dichter.
Mancher schneidet Gesichter,
wenn ihm getötet wird schon im Keime
die Lust an meinem Schüttelreime.

Bange Frage

Liefern die
    Stadtwerke
ausreichend
    Wattstärke?

Auf der Kegelbahn – Kegelschwester Else zum Geburtstag

Elsa von Brabant
ist allen uns recht wohl bekannt.

Doch besser noch, fast wie verwandt,
ist Else uns, vom Drostenkamp.

Zwar hat sie keinen Schwanenritter,
was sie auch nicht empfindet bitter.

Doch hat sie ihren starken Hans,
womit sie recht zufrieden ganz.

Denn der wird plötzlich nicht verschwinden,
was Else niemals könnt verwinden.

Längst kennt er Elses Qualitäten,
die heute fast schon Raritäten.

Sie ist für Hans mal Vamp, mal Mutter.
So ist für ihn alles "in Butter".

Auch rettet sie , so dann und wann,
die Familienehre auf der Kegelbahn.

Dann geht mit Hans die Begeisterung "segeln".
Er ruft voller Stolz: "Mein Weib kann kegeln!"

Zum Geburtstag zu trinken gibt sie heute
unserer ganzen durstigen Keglermeute.

Deshalb wünschen wir, es soll lang noch so bleiben,
sie sollen gemeinsam und froh alt werden, die beiden!

Wir gratulieren Dir Else und danken Dir
für diesen leckeren Schnaps und das süffige Bier.

Wir werden jetzt wie ein Donnergrollen
Dir unser dreifach gut Holz entrollen.

   Gut Holz, gut Holz, gut Holz-Holz-Holz !!!!!!!!!!!!

Herzlichen Glückwunsch zum Muttertag

Die Frau und Mutter
kennt mitnichten
ausschließlich ihre Mutterpflichten.

Nein, nebenbei
ihr auch der Mann
´ne Menge Arbeit machen kann.

Von Haus und Hof noch
ganz zu schweigen
und von den Schwiegermutterfreuden.

Ja, Mutterglück,
das ist fast Brauch,
belastet auch.

Doch kurz und gut,
ich will nicht schwätzen,
den Einsatz weiß Dein Mann zu schätzen.

In meiner großen Dankbarkeit,
die Arbeit wird dadurch nicht weichen,
schenk ich Dir diesen guten Wein als Anerkennungszeichen.

1986

Der Bach stürzt eilig in ein Tal.
Man hört sein Rauschen überall.
In seinem Wasser, blitzesschnelle,
bewegt sich munter die Forelle.
Springt aus den Fluten hoch ein Stücke,
zu fangen eine kleine Mücke.
Selbst mit ´ner Mücke nur im Magen
läßt´s Leben besser sich ertragen.

Und nun, Am Ende der Geschicht:
Knurrt Dir einmal der Magen,
verschmäh auch kleine Happen nicht.
Das lass getrost Dir sagen.

Glykolinade

War´n Sie schon vom Glykol mal voll?
Ich kann Ihn ´ sagen, das ist toll!
´S ist nicht nur schön, es tut auch gruseln,
mehr als von allerbesten Fuseln.

´S war neulich drunt´ am Weidenhain,
da fand ich diesen Heidenwein.
Er lag auf einem Abfallhaufen,
weil niemand mehr das Zeug wollt saufen.

Weil Sommer war, ich hatte Durst.
Das bisschen Panschen war mir "wurst"!
Mit einem Zug die erste Flasche
ich voll Vergnügen rasch vernasche..

Doch erst die dritte, schwupp-diwipp,
den Glykolhimmel öffnet, hipp!
Ich seh den Wald voll meiße Wäuse,
sind´s wirklich auch nur weiße Mäuse.

Ich seh mich selbst als Brungenzecher,
glatt meisternd jeden Zungenbrecher.
Genieße diesen Tammersog, den wunderschönen Tommersag,
nicht achtend, dass der Sammertog ein regnerischer Sommertag.

Ich schwinge meine Reidenwute.
Sie wird sogleich zum Stauberzab.
Denn mit Glykol wird eine Weidenrute
zum allerschönsten Zauberstab.

Ich lieg´ im granen Grüs und schwelge
voll Lust am Busen der Tanur.
Am hauen Blimmel wieh´en die Zolken,
und ich din burstig nur.

Die Onn´ geht sunter, der ein wird Walle.
Die Kabendühle fällt.
Ich fühle mich wie eine Qualle
und höre wie ein Hufhond bellt.

Den Knirtenhab hör ich am Hang
wie er dort spielt zartbitter
auf seinem Instrument recht bang
die zarten Töne der Bartzitter.

Wie dann der Mond geht auf,
hör ich den Schrei der Eierschleule.
Doch bald darauf erkenn´ ich ihn
endlich als Schrei der Schleiereule.

Die Schatten mir winken,
die Zweige sie knacken.
Ich wanke nach Hause
mit starkem Kniesacken.

Dann sink ich ins Bett,
noch immer ganz voll
und schwöre hochheilig:
Nie wieder Wein mit Glykol!

18

Silberhochzeit Elisa und Gunter

Der Gunter, wie ihr alle wisst,
der hier zur Zeit der Hausherr ist,
ist, wie Ihr alle wisst, sehr schüchtern,
vor allem wenn er nüchtern.
Drum hat er mich gebeten,
an seiner Stelle vor euch hinzutreten:

Liebe Gäste!

Ich esse nicht gerne Reste.
Denn sie sind grade nicht das Beste.
Drum esst auf diesem Feste
ganz feste, ganz feste,
sonst bleiben Reste!

Bleibt heute ja nicht brav!
Ein jeder sei kein Schaf
und denke nicht an Schlaf,
genieße wie ein Graf.
Der Braten ist nicht lav.

Nehmt euren Partner in die Zange.
Legt Wange recht an Wange,
dass bei Musikenklange
es daure nicht zu lange,
bis ihm wird Angst und Bange.

Hebt fröhlich hoch die Tassen:
Trinkt Bier und Wein in Massen.
Ich könnt es heut nicht fassen,
wenn einer nicht wollt prassen
bis zum Erblassen!

Ich seh bestürzt euch gaffen.
Was denkt ihr von dem Affen,
dem schlaffen,
der nur noch spricht von raffen?
Habt ihr mit so was was zu schaffen?

Drauf sag ich euch nur knapp und kurz,
denn in der Kürze liegt die Wurz:
Des Lebens Trübsal sei euch schnurz,
denn dafür ist es viel zu kurz,
oft kürzer als ein F...!

Eindringlich bitten jetzt
Elisa und Guter:
Seid alle recht fröhlich
und pausenlos munter!!!

1991

Nach dem Unfall ist
          Alko heilfroh
nur
          Alko-holfrei
getrunken zu haben.

Mein **Wasserkran** -
Ein **krasser Wa(h)n!**

Früher hat´ statt   **Dauerpieseln**
auch ich ein kräftig   **Pauerdieseln.**
Doch dann war diese **Dieselpauer**
nur noch von kurzer **Pieseldauer.**

Heut piesel ich auf andre Weise.
Es rauscht nicht mehr – es tröpfelt leise.

Kurlaub

In Rappenau, um ein WC,
sich streiten zwei aus Holten.
Weil beiden tut der Darm so weh,
sie gleichzeitig schnell wollten.

Denn beid´ auf ihrer Wanderung,
nicht konnten widerstehen.
Ob Apfel, Birne, Pflaume noch
nicht reif, sie wollten sehen.

Drum bissen sie in jede Frucht,
die teilweis´ noch recht sauer.
Als Folge liegt bei ihnen nun
der Darmflutsch auf der Lauer.

Nun die Moral von der Geschicht´,
ein jeder soll sich's merken:
Lass von den "grünen Früchtchen" ab,
denn nur die reifen stärken.

1992

Übung zum Maschinenschreiben

Wenn ich an der Maschine sitze,
nach zündenden Ideen schwitze,
vertu´ mich in den Tasten
und denk´ das liegt am Fasten,

dann hoff´ ich, bald zu Ostern,
wird´s hell in allen Klostern.
Ob Mönche oder Nonnen,
sie alle leiden Wonnen.

Denn Ostern ist Er auferstanden.
So weiß man es in allen Landen,
ob groß, ob klein, ob jung, ob alt,
ob auf der See, ob auch im Wald.

Wer aufersteht auch Hunger hat.
Denn Fasten macht nun mal nicht satt.
und niemand kann vergessen,
auf Dauer ganz das Essen.

Drum Ostern, Ostern, Auferstehen,
Ein "Haxen" werd´ ich wiedersehen!
Mit einem Riesenknochen.
Glaub´ mir, ich hab es schon gerochen.

Hab ich das erst im Magen drin,
bestimmt steht mir danach der Sinn
nach einer Flasche Frankenwein.
Und sicher schlaf ich dann gut ein.

Mit meinen zündenden Ideen
lieg ich genau noch so in Wehen.
Denn wie nicht immer, doch zumeist,
ein voller Bauch hat selten Geist.

Hier die Moral von der Geschicht´:
Ich faste und ich hungre nicht.
Ich halte treu auf Anstand, Sitte.
Bewahre stets das Maß der Mitte.

Und in der Mitte hält zumeist
sich auch mein mittelmäßiger Geist.
Und in der Mitte, das ist wahr,
liegt auch am wenigsten Gefahr.

Ja, in der Mitte kann
sich gut bewähren Jedermann.
Denn schließlich ist ja heut´
die Zeit der Mittelmäßigkeit.

1991

Einfach nicht hingehen?

Hallo Ihr Freunde,
wieder mal
es naht die Qual
der nächsten Wahl.

Man sieht von
den Plakaten grinsen
den Friedhelm Pflug,
die Helga Linsen.

Und ein Gefühl
beschleicht mich lau:
´s ist alles mau.
Ob ich den Mann wähl´, ob die Frau.

Denn meist
kann man erleben
wie sie an
ihren Sesseln kleben.

Und wie sie
auf dem Posten,
wenn sie ihn einmal haben,
rosten.

Und jeder kocht
mit gleichem Wasser.
Der eine feucht,
der and´re nasser.....

Entschieden wird,
was ihnen frommt.
Was Wunder,
wenn´s dem Wähler kommt.

Wenn er verzweifelt sucht den Sinn,
und wenn voll Frust
in seiner Brust
er nicht geht hin!

1995

Ausdauer lohnt sich

Wird Dich einmal
         ein Kaktus stechen
So nimm ihm das
         nicht weiter übel
Einst treibt er
         nur zur Freude Dir
Auch Blüten hoch
         aus seinem Kübel

Mein lieber Schatz!

Vor einem Jahr, die Sterne hingen schief. -
Doch heute, wie zum Greifen nah ,
sie hängen grade vor Dir, tief.

Ich bin ganz sicher heute
und denke mit verhaltenem Entzücken:
Es dauert gar nicht lange mehr,
dass Du sie Dir wirst pflücken.

Vielleicht zuerst ein Sternchen nur,
vielleicht nur eine Sternenschnuppe.
Doch hab Geduld. Auch jeder Schmetterling
braucht Zeit, um sich zu lösen aus der Puppe.

Doch dann erstrahlt Dir Sonnenschein.
Du breitest aus wie Flügel,
die Arme weit und atmest tief.
Dein erdgesenkter Blick geht über Tal und Hügel.

Und dann beginnt nach dunkler Zeit
des Lebens Hochzeit für uns beide
und, so Gott will, noch viele Jahre
in Liebe und voll Lebensfreude.

Für meine Frau zum Geburtstag 1991

Der Frierer

Ein Mann
dicht vor dem Ofen sitzt.
Man wundert sich,
dass er nicht schwitzt.

Und ständig
reibt er seine Hände.
Das spricht für sich allein
schon "Bände".

Nun gibt's der
Möglichkeiten zwei:
Dass keine Glut
im Ofen sei.

Dann nimmt naturgemäß
man an:
Es ist ein
unbedarfter Mann.

Doch gibt es noch
den andern Fall:
Er trank zuviel
beim Karneval.

Denn wer zu tief
ins Glas tut stieren,
muss manchmal lang danach
noch frieren.

Doch sei es nun
wie´s dem auch sei.
Bald kommt
der Wonnemonat Mai.

Dann ist in keinem Ofen
mehr noch Glut.
Die Sonne meint´s
mit uns dann gut.

Nicht nur bei uns,
selbst in Sibirien
muss dann zum Glück
niemand mehr frierien.

Es weht mich an. – Woher?
Es kommt mich an. – So schwer!
Will es mich mahnen?

Oh könnt ich nur ahnen
                 was es denn wär?

Was tue ich?

Was tue ich?
Ich gebe Rat, mir selbst
und, sogar ungefragt
auch manchmal andern.

Doch auf sich warten
lässt die Tat.
Nur die Gedanken
lass ich wandern.

Wie lange bleib
ich noch passiv?
Wie lange
steh ich noch daneben?

Ist mir noch nicht
genug geschehen?
Muss ich noch mal
von vorne leben?

Kaum etwas
           kann die Ruh´ hienieden
dir rauben so
           wie Hämorrhoiden !!!

Dann wurde der Sänger
           langsam
ausgesprochen
           sangla(h)m.

Herzliche Glückwünsche zum erstgeborenen Enkel

Drei Kerzen seien Euch Symbol,
wo Ihr seid jetzt zu dritt.

Und solltet ihr zu viert mal sein,
dann halt ich mit den Kerzen Schritt.

Selbst wenn es wird ne Kompanie,
Ihr werdet es schon sehen:

Nie wird's an Ton, Glasuren mangeln.
Ich werde ständig neue Kerzenhalter drehen.

Doch peinlichst woll´n wir uns verkneifen,
heut schon der Zukunft vorzugreifen.

Wir woll´n der Gegenwart uns freuen
und froh begrüßen unsern "Neuen".

Ich wünsche ihm zu dieser Stund´,
dass er sein Leben lang gesund!

Und, dass auf dieser schönen Welt
es immer ihm recht gut gefällt!

Und, dass auch ihm ich kann im Alter
noch drehen ein paar Kerzenhalter!

Als töpfernder Vater und Opa 1991

Klüger oder weiser?!

Älter werden ist nicht schwer,
klüger sein dagegen sehr.

Sieh mich an, Du "altes Haus".
Seh´ ich vielleicht weise aus?

Sicher wurd´ ich etwas leiser,
aber klüger oder weiser?

Sicher kann ich schmunzeln, lachen
über manche Dinge, Sachen,

die mich früher aufgeregt,
wallend mir das Blut bewegt.

Das ist, weil schwächer steigt der Saft
und matter wird die Manneskraft.

Ist das vielleicht der Sinn der Jahre,
dass manchem Mensch erst vor der Bahre

im Alter die Erkenntnis reift,
die besser´ n Mann schon jung ergreift?

Wie dem auch sei,
des Lebens freu

Dich weiterhin in alter Frische
und, dass ein Lebenselixier
        das Schicksal in Dein Weinglas mische!

Sag es, Ti^eger. - Wirst du heut´ Tagessieger?

Herrn
        Lubes List
ist motiviert durch
        Liebeslust!

Zum **1**. Geburtstag

365 Tage als unser lieber Enkelsohn
bist Du nun hier auf Erden
und hast, so jung, erfahren schon,
wie launisch sich das Leben kann gebärden.

Es wechselt schnell. Grad noch behaglich,
geborgen gut in Mutters Arm,
ganz plötzlich kommen Schmerz und Fieber.
Du fühlst Dich mies, "dass ´s Gott erbarm".

Das Leben geht mal rauf, mal runter.
So ist das nun einmal.
Wir wünschen, dass Du möglichst munter
durchquerst ein jedes Lebenstal.

Dass Du bewegst, soviel wie möglich,
Dich auf des Lebens Höhen.
Weil man von dort, das ist natürlich,
viel besser kann den Himmel sehen.

Wer stets den Himmel hat im Blick,
der liebt die Zukunft, schaut nach vorn,
schaut nicht so schnell betrübt zurück,
auch nicht so schnell zurück im Zorn.

1992

Ein Satz mit Askese

Doch nach dem 7. Fleischskandal,
      da hat er voll die "Nese".
Er rührt kein Stückchen Fleisch mehr an.
      Von Stund´ an er nur noch as - kese.

Jeder Mensch ist anders.
Das erkannte schon Nies Randers.

Der, als er sah,
dass sein Bruder den Mast hat erklommen,
sich sagte: "Da bin ich anders. Ich
wäre längst schon an Land geschwommen"!

Mein Freund,
lass doch das "Schlucken" bleiben.
Du wirst sonst *leider leben*
mit einem *Leberleiden*.

Nahrungskette

Die Akelei, den Enzian
und die so zierlich zarten Gräser
speist ungerührt die *rohe Hippe*.

Wart´ nur,
demnächst verspeis ich dich
als Keulenbraten oder *hohe Rippe*.

Liebe Schwester

Die Sonnenblumen, würdevoll,
in Frankreich heißen "tournesol".

Weil sie, bis sie ihr Leben enden,
ihr Antlitz stets zur Sonne wenden.

Dass solch Verhalten ist sehr weise,
ahnen wir Menschen oft nur leise.

Zwar ist´s nicht so, dass, wer im Licht,
hätte die Sorgen wie andere nicht.

Doch wer zum Hellen hingewandt,
wer nicht allein braucht den Verstand,

wer manchen Dingen lässt den Lauf,
nimmt´s Leben leichter in den Kauf.

Dass solches oft gelinge Dir,
jetzt ganz von Herzen wünschen wir!

1997

Manchmal hört in

Wartezimmern

man harte, nicht nur

Zarte wimmern!

Drüben

In den alten *Handgruben*
seh ich einen *Hund graben*.
Das muss einen *Grund haben*!

Schon seh ich eine *Grubenhand*!
Sollte etwas Schlimmes finden
dieser *Grabenhund*?

Mit leichtem Grausen denk ich mir:
Gräbt er da ein Kind heraus?
Das sieht beinah schon so aus!

Doch die Spannung schnell verpufft.
Versalzen ist die Gruselsuppe.
Es ist einfach aus Plastik nur ´ne weggeworf´ne Puppe.

Alte Volksweisheit

Jedes Böhnchen
gibt ein Tönchen.
und:

Jedes Bübchen
macht ein Püpchen
mal so ab und an.

Später wird auch mal
ein Pups draus,
wenn das Bübchen ward zum Mann.

Lieber Gott, mach mich fromm, ...

In den Geschäften "Sturm und Drang".
Manchmal klingt auf ein Weihnachtsklang.
In dem Gedränge und dem Geschiebe
oft giftige Blicke und Seitenhiebe.

In dem Gewimmel fast alle nur laufen,
vor Heiligabend noch einzukaufen.
Alles äußerer Schein, die Verpackung im boom.
Alles Marionetten. Sie garantieren Konsum.

Alles ist rastlos und starrt ohne Scherzen
und ohne zu blinzeln in künstliche Kerzen.
Alles in Eile und voller Hast,
dass man den einen Moment nicht verpasst.

An Heiligabend, der Moment voller Glück,
bringt für Sekunden die Kindheit zurück.
Doch leider sehr selten es noch funktioniert.
Zu sehr sind von außen die Seelen verwirrt.

Zu sehr sind zum einzigen, heiligen Fest
die Seelen der armen Menschen gestresst
Auch ich bin leider ein solcher Tor,
steh unter Druck bis direkt davor.

Selbst beim festlichen Weihnachtsmenü
denk ich, was zu tun ist noch, morgen früh.
Und so bleibt es, fatal mein Bester,
regelmäßig bis zu Sylvester.

Wo ich dann sehe zurück bestürzt,
wieder mein Leben um ein Jahr verkürzt.
Frage, in die Hand gestützt mein Kinn:
Ist das tatsächlich des Lebens Sinn?

Was kann ich tun,
zu entgehen dem Geschiebe?
Ist vielleicht nötig
mehr Nächstenliebe?

Und ganz von fern, durch der Jahre Lauf,
klingt ein Gebet aus der Kindheit herauf:
Lieber Gott, mach mich fromm,
dass ich in den Himmel komm!

Advent 1994

Eine Weihnachtsgeschichte

Auch die flotte
Dudelmaus
lebt Weihnachten
in Saus und Braus.

Hat gesammelt
viele Nüsse.
Freut sich schon
auf Dankesküsse

der Geschwister
und Cousinen,
die auch letztes
Jahr erschienen.

Weil auch da
die Dudelmaus
einlud sie
ins Mäusehaus.

Denn, es ist
das Fest der Liebe.
Es gehört
zum Mäusetriebe,

dass sich sammelt
dann die Sippe
vor der kleinen
Christkind-Krippe,

die zum Fest
in ihrem Haus
aufstellt
jede Christenmaus.

Schön ist´s
unter Dudels Wurzel.
Es kommt auch
ihr Freund, der Purzel.

Dieser ist ein
hübscher Igel,
der mit Bürste,
Kamm und Striegel

wollte glätten
seine Stacheln,
um zu scheuern
Dudels Kacheln

auf dem Boden
und im Bad,
damit sie alles
sauber hat.

Auch zu Gast
ist Liese Kröte.
Sie hat ihre
lieben Nöte.

Denn Dudels Tür
ist wirklich eng.
Bevor sie drin war
macht es "peng"!

Wusstet Ihr,
dass Dudel hat
auch Verwandtschaft
in der Stadt?

Diese kommt gern,
auch wenn's kalt,
zur Weihnacht
in den Winterwald.

Schenken Dudel
schöne Sachen.
Was zum Anziehen,
was zum Lachen.

So zum Beispiel
letztes Jahr,
als Dudel dacht´
das sei nicht wahr.

Sie schenkten ihr,
oh Spaß und Graus,
Geschichten von
der Didelmaus.

Amsel Erna,
Drossel Zilli
und ein Hamster
namens Willi

finden Platz noch
unter´m Buchenbaum,
unter Dudels Wurzel.
Nein, man glaubt es kaum.

Von außen durchs Fenster
sieht Resi, das Reh.
Und Schneeflocken decken
den Wald zu mit Schnee.

Wenn alle endlich
sind angekommen,
wird mit dem
Weihnachtsfeste begonnen.

Dudel spielt
auf Dudelsack.
Als Festmahl gibt
es Käsehack.

Als Nachtisch dann
noch Bucheneckern.
Wie könnte jemand
da noch meckern.

Gemütlich ist´s,
die Stube voll.
Und alle finden
es ganz toll.

Und alles
eine Harmonie.
Ganz leis ertönt
die Melodie:

Oh du fröhliche, oh du selige gnadenbringende Weihnachtszeit!

So schön wie bei der Dudelmaus
sei´s Weihnachten bei euch zu Haus!

1999

Jahresende

Wieder geht ein Jahr zuende.
Wieder weihnachtet es sehr.
Bald darauf die Jahreswende.
Fröhlich kommt sie meist daher.

Dann beginnt ein neues Jahr.
Frühling-Sommer-Herbst und Winter
werden sein wie´s immer war,
jedoch viel geschwinder.

Ein Jahr wird das letzte sein.
Das geht jedem einmal so.
Gesegnet, wer den letzten Tropfen Wein
zufrieden trinkt, dankbar und froh.

Ein Zünftehaus in München steht.
Sich alles dort um Zünfte dreht.

Dort hat man kürzlich unverfroren
die Euterpfleger-Zunft erkoren.

Ich denke dass die *Ku(h)zunft*
jedoch hat keine *Zukunft*.

Weingedicht

Du weißt Dir keinen Reim auf
          Dein Gewicht? -
Denk an das **Weingedicht!**
          In dem der alte Kellermeister,
          indem die Öchslezahlen preist er,
          im Wein nur sieht den einen Grund,
          warum sein Bauch so kugelrund!

Liebe Claudia

Mit Dir, die Nachbarn,
Claudia,
sich freu´n und rufen laut
Hurra!
Die Prüfungen sind all´
bestanden.
Jetzt kann das Wissen ruhig
versanden.
Denn Zähneziehen ist nur
Übung.
Des Patienten Auges
Trübung
als Ursach´ sei bei Dir nie
Schmerz..
Viel besser sei als Grund ein
Scherz.
Wenn Du, den Bohrer tief in seinem
Mund
und er Dich ansieht groß und
rund,
ihm sagst, ganz ohne
Häme:
Mein Freund, beiß ja nicht auf die
Zähne.
Doch geben wir Dir in der
Tat
als ältere den guten
Rat:
Triffst Du ´nen Mund voller
Ruinen,
so wisse, für Dich sind´s
Rosinen.
Du darfst Dich dann nicht sehr
genieren,
musst jede einzeln hübsch
sanieren.
Das gibt dem Patienten
Mut,
und Deinem Konto tut das
gut.
Von wegen Konto! Dieser
Schein
von uns ein Anfang ist, wenn auch recht
klein.
Es möge niemand ihm
verwehren,
sich in´s Unendliche zu
mehren.
Das sei, zu unserer
Gratulation,
Dein wirklich schwer verdienter
Lohn

Urlaub

Meines Lebens alter Traum:
Ruhen unterm Walnussbaum!

Schweift mein Blick aus seinem Schatten
weithin über Schweizer Matten.

Sanft im Magen Fisch von Thun
mit nichts im Sinn als ruhig zu ruh´n.

Selbst auf die Maid im Trachtenrock
hab ich dann wirklich keinen "Bock".

Obwohl ihr praller Miederbusen
gar heftig ruft nach Männerschmusen.

Das alles mich berührt jetzt kaum.
Ich liege satt unterm Walnussbaum!

Die Muse

Wenn mich einmal die Muse küsst,
muss ich sie küssen lassen.
Sonst kann ich, was sie sagen will
nur schwerlich recht erfassen.

Das gilt wohl so für alle Frauen.
Wenn sie dich küssen, halt fein still.
Denn nur beim Kuss sagt eine Frau
was sie mit Worten dir nicht sagen kann und will!

Wie wahr

Früher Vogel fängt den Wurm!
Ein Ende hat der höchste Turm!
Und, wer was erreichen will,
schweige besser manchmal still!

Frust

Clinton lässt jetzt
nicht ganz munter
öffentlich die
Hosen runter.

Doch siehe da,
wo man vermute
eine Präsidentenrute,
sieht man nur ein großes Loch. – Och!

Neu ist das nicht.
Denn noch und nöcher
sieht man auch hier
oft solche Löcher.

Grad jetzt im Wahlkampf,
ohne Strunz,
zeigt sich die
Häufigkeit bei uns.

Ob rote, grüne,
schwarze, gelbe,
das große Loch
bleibt stets das selbe!

Peinlich

Weil sehr gestresst die *losen Brüder*
mit Namen *Brosen / Lüder*,

weil ständig unter *Schleißveruss*,
vergessen zu schließen den *Reißverschluss*.

Pikant wird dieser *losen Hatz*
durch den weit offenen *Hosenlatz*.

Liebe Tochter

Denk ich an Benja in der Nacht,
so denk ich auch an Benjamine,
die Du bereits uns zugesagt,
anscheinend fröhlich wie´s uns schiene.

Nachdem Du heut´ vor einem Jahr
gestanden kurz vor Deiner schweren Stunde,
hast alles überstanden gut
und auch das Kugelrunde.

Bist rank und schlank, so wie bisher.
Wirst Dir vermutlich sagen:
Aus dieser Sicht fällt´s nicht so schwer,
´ne Benjamine noch zu tragen.

Falls dieses nach wie vor Dein Sinn,
wir wünschen dafür gut Gelingen.
Doch ganz egal wie es auch kommt,
wir woll´n Dir "Happy birthday" singen!

Wir wünschen einen schönen Tag
mit möglichst vielen netten Gästen
und, dass neben all der Arbeit,
auch Spaß Du hast bei solchen Festen!

1992

Der Kommissar begibt sich zu der Stelle,
wo die *vier standen*,
die den *Stier fanden*.
Denn er muss auch den
vermissten *Star finden*.

Viel besser doch als
Rabenwein
schmeckt Honig mir, wenn
wabenrein!

Meine Liebe!

An diesem Tage wunderbar,
wir zwei wurden ein Ehepaar!

Das sind jetzt 32 Jahre.
Du hattest hochgesteckt die Haare.
Und beide war´n wir so verliebt!
Ob´s heute so was auch noch gibt?

Ja, diese wunderschöne Maid
trug ganz zu Recht ein weißes Kleid!
Es hatte als besond´re Würze
eine pikante Mittelkürze!

Zu sehen waren schlanke Beine,
und diese waren fortan meine!
Von allem ander´n will ich hier nicht schwärmen.
Selbst steinalt noch wird mich Erinn´rung wärmen!

Versagt blieb uns der Wunsch: Drei Kinder.
Es blieb bei einem, ein 6-Pfünder!
Zur Welt kam, im Dinslaken-Städtchen,
dann unser Kind, welch Glück, ein Mädchen!

Auf diesem Weg, im reifen Alter wir,
besitzen heut´ der Kinder vier!

Wir sind gegangen einen Weg,
der manchmal dornenreicher Steg,
doch dann auch wieder breite Straße,
wo´s Sonne gab im reichen Maße!

Wir hoffen, dass einst Schnitter Tod
mit uns hat seine liebe Not!
Dass er, bevor er unser Leben bremse,
noch lange schartig hau´ die Sense!

Doch wünsch ich mir auch gern,
dass er am End´ uns bringt als reiche Ernte unser´m Herrn!
Auf dass die Ernte sich noch runde,
sei weit voraus die letzte Stunde!

1994

Liebe Nichte Julia,

wieder ist Geburtstag da!
Weil wir bleiben müssen hier,
schicken wir die "Mäuse" Dir.

Setz´ sie nach Belieben um,
nur nicht in Bier und Schnaps und Rum.
Denn solches dient Dir nur zum Schaden.
Geh lieber hin zum Bücherladen.

Kauf dort, wonach der Sinn Dir steht,
vielleicht was, was zu Herzen geht,
vielleicht, wer will es Dir verwehren,
sogar etwas wie Teddybären!

Drück sie dann heftig
an Dein Herz.
Oder auch nicht.
Das war ein etwas fauler Scherz.

Jetzt wollen wir uns
nicht länger zieren,
sondern Dir herzlich
zum Geburtstag gratulieren.

Die Denkerstirne

Gar selten ist die
          Denkerstirne
bei ordinärer
          Stenkerdirne.

Doch häufig paart sich
          Pruskelmotzen
nach Mannesart mit
          Muskelprotzen.

Liebe Schwägerin!

Ein Elefant
sieht Gunzenhausen
und lässt vor Freude
einen sausen.

Du fragst Dich
warum ist das so?
Ich denke, der ist
einfach froh.

Ist froh,
zu sein am Altmühlsee.
Dieweil ihm tun
die Füße weh.

Sie sind vom Laufen
breit und platt.
Er ist am
ganzen Körper matt.

Er weiß,
wer in dem See gebadet,
dem solches hat
noch nie geschadet.

Das, Schwägerin
auch wünschen wir:
Es lockre jedes Rostscharnier.
Es straffe Po und Waden,

bereite Dir auch viel Vergnügen,
falls nicht im See,
so doch
im Moor zu baden.

Doch mach es wie
der Elefant.
Lass es bereits in Gunzenhausen
und nicht erst hier zu Hause sausen.

Brief in die Kur 1995

Lieber Schwager,

ICE-fahr´n
ist größer noch
als Autofahr´n.

Und noch dazu
im Führerstand,
sprengt meinen
Vorstellungsverstand.

Noch nie war ich
an Zuges Spitze.
Auch mach ich
wirklich keine Witze,

wenn ich Dir sag´
hochachtungsvoll:
So was find´ ich
ganz einfach toll.

Dass solches Dich
so bald nicht "schafft",
dass Du dazu noch
lange Kraft,

dass Du im Kreise
Deiner Lieben
noch älter wirst
als 12x7,

dass einst
´ne ganze Schar von Enkeln
sich tummeln wird
auf Deinen Schenkeln,

das wünschen wir
von Herzen Dir.
Doch sind wir noch
im Heut´ und Hier.

Drum wünschen zum Geburtstag
wir aktuell jetzt alles Gute
und, dass Du immer bist "gut drauf"
und, dass Dir fröhlich stets zu Mute.

Auch, dass es
Deine Manneskraft
selbst bis ins hohe
Alter schafft.

1998

Auf der Kegelbahn

Der Helmut, starker Kegelstreiter,
lebt ungetrübt sein Leben heiter.

Es tut sich für ihn auch recht lohnen
wie man erkennt an einigen Stationen:

Hat ein Frau und auch ein Haus
und schon genossen manch guten Schmaus.

Er hat zwei Töchter, sein größter Stolz,
mit vor dem Haus genügend Holz.

Und da die Zeit läuft so geschwind,
hat er jetzt auch ein Enkelkind.

Und außerdem, und das ist wahr,
hat er Geburtstag jedes Jahr.

Dazu gibt er in Saus und Braus
jetzt ganz bestimmt uns "einen" aus..

Das tut er gern. Und jeder weiß: Er hat et!
Denn sehr erfolgreich er bestattet.

Dass alles bleib´ so, wünschen wir
und danken mit unserem Schlachtruf Dir:

      Gut Holz – gut Holz – gut Holz, Holz, Holz!

                                   1998

Wer beim Laufen siegen will,
niemals darf sich
          " hängen lassen"
und auch beim Trainieren weder kurze,
noch die langen
          Längen hassen!

Wintersport

Manch einer spricht vom
          nob´len Lech (am Arlberg)
als oftmals einem
          neb´len Loch.

Auf der Kegelbahn

Liebe Lore,

Viel zu schnell vergeh´n die Jahre.
Später werden grau die Haare.
und noch später, welch ein Graus,
fallen einzelne auch aus.

Doch Du bist davon noch weit.
Bis dahin bleibt Dir noch viel Zeit.
Beim Haare kämmen oder Waschen
kannst Du kein graues Haar erhaschen.

Nein, Deine Haare sind noch dunkel.
Die Augen blitzen wie Karfunkel.
Und oft beim Kegeln vehement,
Dein Temperament mir Dir durchbrennt.

Denn Deine Kugeln haben Schwung.
Mein Gott wie bist Du noch so jung.

Dass dieses lange noch so bleibe,
dass Helmut nicht zu sehr dran leide,
dass Du uns hier im Kreis der Matten
nicht allzu sehr stellst in den Schatten,
dass Dir beschert noch viel Pläsier,
das wünschen zum Geburtstag wir.

Und für die Runde, statt Helau,
hörst Du von uns, jawohl, genau,
und darauf sind wir alle stolz,
das schmetternd kräftig "dreifach gut Holz"!!!

1998

Ja, meine Liebe,
das ist wahr.
Du lebst ein Leben
voll Gefahr.

Doch suchst Du nur
Gefahr zu meiden,
lässt Du auch
alle Freuden bleiben.

Du wirst Dich bald,
sonst recht gesund,
vor Langeweile
selbst entleiben.

1 – Euro – Shop

Und Leute kommen
               scharenweise,
zu kaufen diese
               Warenscheise.
Sie zahlen unbesehen
               willig bare
Euro für Schund und
               Billigware.

Als Vater zum Muttertag

Muttertag ist jedes Jahr.
Doch heute ist er wunderbar.

Nicht nur weil die Sonne scheint,
die gut es auch mit Müttern meint.

Sondern, wie in Deinem Fall:
Dein Kind besucht Dich jetzt schon mal.

Findet, seit hier weggezogen,
auch schon mal nach Haus den Bogen.

Fragt auch öfter schon mal an
wie man Braten machen kann.

Auch konntest Du schon herzlich lachen
bei von ihm erzählten Sachen.

Alles Dinge, die seit Jahren
leider nicht zu denken waren.

Nun, dass dieser Zustand bleibe,
nichts die Harmonie vertreibe,

wünsch ich herzlich nicht nur Dir,
sondern so auch ihm und mir!

1998

Durch die Jahre
- von der Wiege bis zur Bahre

Wie nach Frühling,
März und Mai,
auch der Juli
schnell vorbei,

ist den meisten
im August
selbst noch nicht
so recht bewusst.

Denn die Tage
sind noch lang.
Niemandem ist
jetzt schon bang.

Doch im November
sichre Zeichen,
dass gestellt sind
nun die Weichen,

die uns führen,
selbst mit Glück,
nicht noch mal
den Weg zurück.

Sichtbar wird
des Weges Ende.
Unausweichlich naht
die Wende.

Weise wären wir
und klug,
still zu sagen:
Ja, genug.

Wer nicht wagt,
      der nicht gewinnt.
Wer nicht normal,
      der nicht gleich spinnt.
Der nicht riskiert
      auch mal zu spinnen,
wird nie die Freiheit
      sich erringen,
wird nie den Status
      Mensch gewinnen.

Advent, Advent

ist bald zu End´.
Bald nirgendwo
ein Licht mehr brennt.

Denn nach Neujahr,
wie überall,
nach gutem Vorsatz,
Korkenknall,

vom Jahreswechsel
restbeschwipst,
schnell jedes Licht
wird ausgeknipst.

Denn in dem
grauen Jobgeschehen
ist´s gut, wenn andre
nicht gut sehen.

Advent, Advent
ist bald zu End´!
Bald nirgendwo ...

1998

Wunsch für einen Allergiker

Der Herr
und alle Engel sollen
Dich bewahren
vor den Pollen.

Dass die Biester
nicht vermiesen
Dir den Tag
mit stetem Niesen!

Eine Ostergeschichte

Die Dudelmaus den Osterschmaus
schon prächtig hat bereitet.
Wobei ein dickes
Käsestück
die Hauptmalzeit bestreitet.

Als Nachtisch gibt es
Wachtelei
auf zartem grünen Rasen.
Das war ein nettes
Dankeschön
vom lieben Osterhasen.

Denn fleißig half
die Dudelmaus
ihm oft beim Eierstreichen.
Mit ihrem langen
schlanken Schwanz
malt sie die komplizierten Zeichen.

Die fallen
Osterhasen schwer.
Wenn sie
nur wüssten
wozu und
was das wär?

Was nur
die Menschen
daran haben?
Ihr Name
dafür ist:
Buchstaben.

Die Dudelmaus
geht ein
und aus
in manchem
großen
Menschenhaus.

Sie ist
schon oftmals
dort gewesen.
Und dabei
lernte sie
das Lesen.

Und auch
im Schreiben sah
sie Sinn.
So schreibt sie liebevoll
jetzt hin:
Für Nina und für Benjamin!

Das pinselt
jedem sie
aufs Ei,
damit er weiß,
was für
ihn sei.

Durch Schreiben
können Menschen
sich verstehen,
auch wenn sie
fern sind,
sich nicht sehen.

Der Hase
endlich
hat begriffen
und zögernd
Dudels
Schwanz ergriffen.

Jetzt übt
er fleißig.
Wunderbar!
Vielleicht
kann er´s
im nächsten Jahr.

2000

Das Boot wird
       hecklastig.
Drum stopft man das
       Leck hastig.

Mozartkugeln

Lieber Dieter!

Älter werden ist kaum schwer,
älter sein manchmal schon eh´r.

Doch sind wir zwei, trotz Rentnerzeit,
von diesem Zustand noch recht weit.

Was manchmal fehlt an Manneskraft
ersetzen wir durch Leidenschaft.

Und immer mehr uns grüßen
die schnuckeligen Süßen.

Deshalb die runden Kugeln hier
wir schenken zum Geburtstag Dir.

Doch nimm das nur nicht allzu schwer.
Dazu wir schenken kein Gewehr.

Du sollst Dich nämlich nicht erschießen!
Beileibe nicht! – Du sollst genießen!

Es gibt nämlich noch runde Sachen,
die reifen Männern Freude machen.

Wenn manches nicht mehr recht will flutschen,
bleibt eines doch, man kann noch lutschen.

So lass es weise Dir genügen.
Wir wünschen Spaß beim Lutschvergnügen.

Nachbargeburtstag 1996

Herr Behler hat stets Luft im Bauch.
Die lässt er frei entweichen auch.
       Ist vielleicht Dein
              Gefurtz, Behler,
       so was wie ein
              Geburtsfehler?

Guter Vorsatz

Ich seh mich des längeren
schon probieren,
den Schwall meiner Rede
zu reduzieren.

Nichts ist gesprochen,
sei´s noch so schön,
was nicht würde schöner,
würd´s kürzer noch geh´n.

Doch gar nichts zu sagen
wäre ganz schlecht.
Auch hier wär
die goldene Mitte grad recht.

Zu weit gegangen

Geschmacklos sind bei
                    "Landhausmoden"
am Trachtenhut die
                    Landmaushoden.

Liebe Ilse!

Gestern waren
wir am Rhein.
Dort dacht´
ich Dein.

Und wie auch schon
im letzten Jahr,
war da auch jetzt
die Gänseschar.

Die Gänse,
wohlgenährt und grau,
ich denk´ die sind
besonders schlau.

Sie sagen sich:
Was soll´n wir in Sibirien,
wenn wir in Deutschland
niemals frieren.

So bleiben sie ständig
wohl jetzt am Rhein.
Willst Du sie seh´n,
so fahr doch hin, oh Ilselein

Der Mensch beginnt,

wie er sich dreht und auch sich wendet,
mit einer Mümmelphase,
in welcher er, wird er nur alt genug,
normalerweise dann auch wieder endet.

Als Kleinkind
denkt er nichts dabei.
Mümmelt meist brav
den ALETE-Brei.

Später kennt er
Mayonnaise,
Schinkenspeck
und scharfen Käse.

Wieder später,
welch ein Graus,
Zähne fallen
ihm dann aus.

Viele Freuden
fallen weg.
Dazu zählt
der Schinkenspeck.

Weg fällt auch
die Mayonnaise,
wegen
Magen-Darm-Malaise.

Übrig bleibt Käse,
ganz weicher Brie.
Der schmeckt nur schwach
und duftet nie.

So endet mancher
fast wie begonnen.
Wohl dem,
der solchem ist endlich entronnen?

Dr. Schrieder-Neibe

Beim Beißen stört den *Zackenbarsch*
ein ganz gemeiner *Backenzarsch*.
Als Folge eines *Zeckenbiß*
den Springbock lähmt ein *Beckenziß*.

Und mir, für meine schwache *Sehnenscheide*,
den Pressverband aus Schehnenseide
empfahl mir Dr. *Schrieder-Neibe*,
weil jeden Quatsch ich *niederschreibe*.

So hat ein Gutes jede Zeit

... unglaublich,
Sommerzeit verflossen.
Verblasst sind schon
die Sommersprossen.

Herbstzeitlich fallen jetzt
die Blätter,
und stubenfreundlich
wird das Wetter.

Die Nebel nässen
manche Tage.
Von leeren Bäumen
Krähenklage.

Unwiderstehlich
zieht´s mich hin
zu meinem guten
Holzkamin.

Holzbrand hab ich
hier oft gerochen,
genossen wie die Wärme
mir ins Gebein gekrochen.

Hypnotisiert
von Feuersglut
hab ich empfunden tief
wie wohl das tut.

So hat ein gutes jede Zeit
und auch wohl jedes Wetter.
Wie herrlich ist ein schlankes Weib.
Doch oftmals ist ein rundes netter.

Der Schwänzeltanz

Am liebsten schwingt den *Tänzelschwanz*
der Bienerich beim *Schwänzeltanz*.

Er schwänzelt rauf, er schwänzelt runter.
Das macht die Biene froh und munter.

Wenn einsetzt erst der Pollenflug,
wird´s beiden davon nie genug.

Sie fliegen dann in Wald und Heide
und schwänzeln dort in heller Freude.

Solche Freude kennt keine Müdigkeit.
Gar viele Blüten sind dadurch bestäubt.

    So kommt mancher Bursche und auch manche Dirn´,
    zum von Ribbeck´schen Apfel oder ´ner Birn´.

Der Villmolch

Ich nehme an,
dass du nicht weißt,
Warum der *Villmolch*
Villmolch heißt.

Wie solltest du
auch solches wissen,
wenn bisher *Vollmilch*
du mustes missen.

Nur wer erfolgreich
mal verdreht
Vollmilch zu *Villmolch*,
der versteht.

Draus wir folgern,
spontan und frech,
Worte sind oftmals
Schall und Blech!

WAZ-Lokalredaktion Leserbriefe

Betrifft: Leserbriefe
Bezug: Artikel "SPD und Grüne einig: Koalitionsvertrag steht"
      incl. Fotos, WAZ vom 19.10.98

Sehr geehrte Damen und Herren,

sprengt meine spontane morgendliche Reaktion auf Ihren Artikel inhaltlich oder
volumenmäßig Ihre Rubrik "Leserbriefe"?

Ganz neutral und auch recht nett
informiert die WAZ.

So zum Beispiel wieder heute :
Groß als Titelbild vier Leute,
(am unter´n Rand diskret vier Flaschen)
werden von der "Macht" jetzt naschen.
Sind mit Gebrauch der Ellenbogen
erfolgreich in die Wahl gezogen.
"Michel" findet sie wohl toll.
(Noch sind die vier Flaschen voll)
Was meint wohl "Michel" hinterher,
wenn die vier Flaschen mal sind leer?

Wie schon gesagt, neutral und nett
informiert die WAZ

Mit freundlichen Grüßen

Abenteuer

Abenteuer
gibt es viele,
ungeheuer interessante,
die kein Heldenepos nannte.

So zum Beispiel,
ist das dumm?
Wie geh´ mit meinem
Tag ich um?

Was beschließ ich,
wach ich auf,
für den
heutigen Tageslauf?

Und am Abend,
ganz "erschossen",
was blieb von dem,
das ich beschlossen?

Manchmal tat
´ne ganz Menge
sich in
eines Tages Enge.

Manchmal aber,
welch ein Graus,
alles blieb
ganz einfach aus.

Alle Dinge
unverfroren
waren gegen
mich verschworen.

Wollte ich sie
trotzdem zwingen,
wirklich gar nichts
tat gelingen.

Übrig bleibt dann
nur Verdruss!
Zieh´ ich daraus
einen Schluss?

Ja! – Wenig lässt sich vorher planen.
Nichts ist jemals ganz geheuer.
Langsam will mir endlich "schwanen":
Alles ist ein Abenteuer.

Meine Liebe

glücklich sei,
der sich
jeden Tages freu´.

Diese Weisheit
kennen wir.
Schal ist sie
wie altes Bier.

Wer kann sich
auf Knopfdruck freuen
ohne jemals
zu bereuen?

Jeder Tag
hat Höhen, Tiefen.
Und die Geister
die wir riefen

stellen stets
sich wieder ein.
Bringen mit sich
Arg und Pein.

So geht´s auch
mit einem Jahr.
Am Ende weiß man
wie es war.

Nach manchem
Lebens-Jahresende
ergibt sich unerwartet
eine Wende.

So auch bei Dir
nach diesem Jahr.
Ist das nicht
einfach wunderbar?

Verändert stehen
jetzt die Weichen.
Das grüne Licht,
ein gutes Zeichen.
.

Du hast jetzt
wieder eine Wahl.
Vorbei ist der
Entfremdung Qual.

Die Tochter kommt
zu Dir zurück.
Das ist doch wahrlich
großes Glück.

Dass dieses Glück
Dir lange bliebe,
das Dunkle in die
Winkel triebe,

dass Du Dich wohlfühlst,
auch mit mir,
das wünsch´ ich
zum Geburtstag Dir

2000

Im Land der Konventionen

Ich lebte im Land
der Konventionen.
Was ich auch tat:
Es musste sich lohnen.

Es gibt so viele
solcher Zwänge
in diesem kleinen
Land der Enge.

Vor heute
viel zu späten Jahren
hab ich zuerst
davon erfahren.

Doch jetzt,
nach dieser langen Zeit
bin gründlich ich
die Zangen leid.

Lass los den Intellekt,
sowie den steten Wunsch nach Geld.
Bin zwar noch in,
doch nicht mehr von der Welt.

Wenn´s doch nur
ganz und gar so wär´!
Denn altgewohntes
löst sich schwer.

Es kommt bestimmt
einmal die Zeit.
Wenn auch der Weg
erscheint noch weit!

Die Negativsteigerung von **Lieschen Müller**
ist **Mieschen Lüller**.

Herbsteln

Herbsteln tut es,
mit Gestürm und mit Gebraus.
Und so mancher schwere Ziegel
fliegt von manchem festen Haus.

So geht es dem Menschenhaupt,
das im Lauf der Jahre,
selbst wenn gar nicht recht gewollt,
verliert so manches seiner Haare.

Manchmal konnt´ ich nicht begreifen,
konnt´ es manchmal gar nicht fassen:
Warum musste ich erneut
wieder "Haare lassen"?

Fragt man sich:
Warum das nur?
Gibt die Antwort
die Natur.

Denn es sind nicht nur die Ziegel,
die im Herbst man fliegen sieht.
Nein, wenn jeder Baum nach innen
sich zur Selbstbesinnung zieht,

lässt sein Laub er einfach fallen.
Und es wirbelt wild umher. –
Warum fällt uns Menschen allen
Selbstbesinnung nur so schwer?

Und, was tut im Mai
der Baum?
Haben wir´s nicht oft gesehen?
Allzu oft, man sieht´s noch kaum!

Er hat wieder neues Laub, größer wird er, schöner.
Diese Kraft ihm kommt von innen.
Denn er konnte ungestört
auf sich selber sich besinnen.

Das sei nun ein Zeichen mir,
sollt ich wieder Haare lassen,
dass ich nur erinnert werde,
nicht aufs neue zu verpassen,

den Blick nach innen
auch zu richten.
Das kann manche
Unruh´ schlichten

Und, das setzt frei
dann diese Kraft,
die schließlich Neues,
Fortschritt schafft.

Liebe Tochter

Das Leben ist ein Karussell!
Mal geht es langsam, mal geht´s schnell.
Oft geht es drunter, oft geht es drüber,
mal ist es sonnig, manchmal trüber.

Doch selbst wenn´s noch so kunterbunt,
es dreht sich immer, immer rund.
Solch eine Runde ist ein Jahr.
Es geht so schnell vorbei , nicht wahr?

Du hast davon jetzt 33!
Das doppelte hab ich schon fast.
Du bist inzwischen fast zu fleißig.
Und ich bau ab die alte Hast.

Erst in der Rückschau sieht man Sachen,
die man heut´ würde anders machen.
Doch eingespannt im Rad der Zeit,
ist die Erkenntnis oft recht weit.

Das gilt jedoch für jeden,
vertrieben aus dem Garten Eden.
Meine Erkenntnis, spät und schlicht:
Jag´ nach dem Morgen ständig nicht.

Die halbwegs klugen Leute
leben bewusst im Hier und Heute.

Dass solches Dir schon jetzt gegeben,
ein gutes und gesundes Leben,
möglichst viel Freude mit den Kindern,
niemals den Wahn von Englands Rindern,
auch viel Erfolg beim Krankenpflegen,
obwohl wir da Bedenken hegen,
und, dass der Tag heut´ sei in bester "Butter",
    die Daumen drücken Dir
    Dein Vater, Deine Mutter!

1996

Erkenntnis eines Heimwerkers

Als Bastler lieb ich Werkzeug sehr.
Und ein Verlust fällt mir sehr schwer.

Erst kürzlich noch, beim Draht zerteilen,
tat solches Unheil mich ereilen.

Es brach, bei meinem Eide – schwapp,
die eine Zangenschneide ab.

Mir tat noch eine lange Zeit
die nun zerstörte Zange leid.

Hier die Moral von der Geschicht´:
Gebrauche Werkzeug besser nicht!

Lass müßig Deine Hände ruh´n
und andere die Arbeit tun!

Wenn Arbeit auch nicht schändet,
sie doch oft tragisch endet.

Drum, lieber Freund, sei doch so gut,
und zügle Deine Arbeitswut.

Bedenk´ die plötzlich schlimme Wende
und das beschrieb´ne Zangenende!

Nur wer die Arbeit kennt, weiß was ich meide !!!

Nina zur Taufe

In Sonnenstrahlen, Blütenduft
sei eingetaucht Dein ganzes Leben?
Dir das zu wünschen wär´ nicht recht.
Denn hier auf Erden kann es das nicht geben

Es gibt auch Herbst und auch den Frost.
Und das ist gut so eingerichtet.
Wie daran sich der Mensch bewährt,
wird dann zum Schluss gewichtet.

Doch Sonnenstrahlen, Blütenduft,
sei ständig Dir zur Seite.
Dass, wenn Du mal tief unten bist,
Dein Blick sich aufwärts richte und in Erkenntnis weite!

1994

Liebe Julia

Mick, die Maus
und Katze Knötchen
geben sich hier Pfot´
und Pfötchen.

Wollen
miteinander spielen,
ohne nach Profit
zu schielen.

Beide sind noch
so naiv.
Meistens geht
so etwas schief.

Kommt vorbei einmal
ein Kater,
vielleicht nur
Katze Knötchens Vater,

sagt: Was soll das,
mit der Maus?
Friss sie nur,
ein guter Schmaus.

Ist das Kätzchen
aber klug,
sagt es: Fressen hab
ich doch genug.

Selten aber ist
ein Freund.
Den zu verlieren
man beweint.

Drum wird Knötchen
nicht zum Graus
für die
kleine Mickymaus

Sondern hat sie
sich erkoren,
ihr zu kraulen
an den Ohren.

Dieses füllt zwar
nicht den Bauch.
Doch gut im Herzen
tut das auch.

1996

Clubsessel-Orchideen

Ein Mensch
in einem Tattersaal
erlitt im Sattel
große Qual.

Vor allem deshalb
weil beschieden
ihm waren dicke
Hämorrhoiden.

Die hat er sich,
zwar nicht als Orden,
doch andrerseits schon
früh erworben.

Denn immer schon
tat weich er sitzen.
Musst´ nie im
eignen Safte schwitzen.

Nie hörte man
ihn je beklagen,
dass and´re ihn
nicht weich getragen.

Doch jetzt erlebt
er Sattelpein.
Drum lässt er klug
das Reiten sein.

Er schwingt zum ersten Mal
die Beine
und geht , erstaunlich,
ganz alleine.

Es fällt ihm schwer,
es kommt ihn hart.
Doch hat er Haltung
sich bewahrt:

Er wollt es endlich
richtig wissen,
hat sich ganz
eisern durchgebissen

Und plötzlich war
das Gehen schön.
Ließ schließlich
alle Pferde steh´n.

Ließ sie in Ruhe
Fressen, Saufen.
Wollt nur mit
eignen Beinen laufen.

Hat nicht mehr Stechen,
nicht mehr Kneifen.
Und auch sein Arzt
kann nicht begreifen:

Statt Knoten nur
ein blinder Fleck!
Die Hämorrhoiden? –
Sie sind weg!

Hier die Moral
von der Geschicht´:
Verlass dich nie
auf andre nicht!

"Rasch tritt der Tod den Menschen an"!

Doch manches Mal,
so ab und an,
warnt er Dich erst,
der Sensenmann.

Dann bleibt Dir noch,
zu Deinem Glück,
von Deinem Weg
manchmal ein Stück,

auf dem Du Dich
vielleicht besinnst,
das Leben noch
einmal beginnst.

Geläutert von
dem ersten Teil,
den Du verbracht
in großer Eil,

zu finden bald
Dein Erdenglück.
Das, blickst Du
solcherart zurück,

sich aufgelöst hat
als Chimäre.
Ziehst Du daraus
die rechte Lehre?

Es gilt, sich endlich
zu besinnen
auf das was ganz tief
in Dir drinnen

nach langem Schlaf
erwachen will.
Doch dazu musst Du
werden still.

Lass los der Erde
eitle Sachen.
Der Fährmann will
mit seinem Nachen

entführen Dich dem
wiederkehrend Strom des Lebens.
Lass harren ihn und hoffen
nicht vergebens.

2001

Bauer Schulze
    auf seinem Hausacker,
braucht alljährlich
für seine Rüben
    mehrere Aushacker.

Igittegit! – In der städtischen Bücherei gibt's einen Auslei(h)er,
der sitzt voller Lauseier!

Liebe Schwester!

Lass mich hiermit schriftlich sagen,
woran es mündlich mir gebricht:
Jammern, ständig sich beklagen
liegt Dir wahrlich nicht.

60 Jahre Abenteuer,
gut bestanden, stark und fest,
mich beeindruckt ungeheuer,
der ich hockte nur im Nest.

Jung gingst Du schon in die Fremde.
Wendest Dich vom Heimatfrust.
Neues wolltest Du erleben.
Frei atmen Deine Brust.

Hattest niemanden im Rücken.
Standst alleine Deinen Mann.
Tatest kaum Dich neigen, bücken.
Was längst nicht jeder sagen kann.

Auch heute stehst Du fest im Leben.
Als "gestandene" Person
beginnst Du jetzt an Deinem Ruhestand zu weben.
Erfolg sei Dir beschert als Lebenslohn!

zum 60. Geburtstag 2000

Liebe Schwägerin

In all den Jahren
hab´ ich eines wohl erfahren:
Älter wird ein jeder Mann,
doch weiser nur so dann und wann.

Will mich zu diesem
Anlass trauen,
zu sagen:
So geht´s auch den Frauen.

Drum denk´ des
Resultats der Kur.
Vergiss sie nicht
ganz ohne Spur.

Bedenk´ , das in
des Tages Hast
oft Wesentliches
man verpasst.

Ein jeder ohne
Rast und Ruh´
lernt innerlich
nicht mehr dazu.

Ich will nun wirklich
Dich nicht kränken.
Doch nimmst Du
Zeit dir, nachzudenken?

Zu denken,
was der Sinn des Lebens,
damit nicht vieles
war vergebens,

von dem was Du erlebt
um dran zu reifen.
Wie Wind und Hagel
dem guten Pfirsich macht die Streifen?

Verzeih´, wenn ich Dir
nah´ getreten bin.
Nur Gutes habe
ich im Sinn.

Wir wünschen
ganz von Herzen Dir
Gesundheit, Glück
und viel Pläsier!

1998

Du weißt – Ich weiß

Du weißt, dass hinter den Wäldern blau
die großen Berge sind.
Und heute nur der Himmel grau
und die Erde blind.

Du weißt, dass hinter den Wolken schwer
die schönsten Sterne stehen,
und heute nur ist aus dem goldenen Heer
kein einziger zu sehen.

Und warum glaubst Du dann nicht auch,
dass uns die Wolke Welt
nur heute als ein flüchtiger Hauch
die Ewigkeit verstellt?

                    Eugen Roth

Ich weiß, dass wir auf Erden sind
nur eine kurze Zeit,
doch auch, dass wir wiederkehren,
bis wir geläutert sind für die Ewigkeit.

Warum schauen wir zu den Sternen auf,
warum können wir sie sehen?
Weißt Du vielleicht einen besseren Grund,
als dass wir einmal zu ihnen gehen?

Drum löse Dich von des Tages Hast,
besinn Dich auf sinnvolles Leben,
um einmal, von Erdenschwere befreit,
Du kannst zu den Sternen schweben.

                                      2001

Faunenlächeln

In wechselweisen *Launen fächeln*
      mit satyrhaftem *Faunenlächeln*
           manch Damen ihren Duft uns zu.
                  Dann braucht ein Mann oft lange,
                      zurückzufinden seine Ruh´.

Lieber Alfred,100 Jahre
sind auch heut´ noch Mangelware.

Doch davon genau die Mitte
schafft bestimmt schon jeder dritte.
Leider sei damit verbunden,
hört ich kürzlich unumwunden

und wohl etwas bitter sagen,
nein, man wollt´ sich nicht beklagen,
dass damit verbunden sei,
das Gelbe weg vom Lebensei!

Da bin ich jedoch nicht bange.
Solches braucht bei Dir noch lange!
Kommt vielleicht mit 80 Jahren,
wenn du über See gefahren,

von der Bering bis zum Kap!
Unter Segeln , die nie schlapp,
sondern straff im steifen Wind.
Und das stets mit Weib und Kind.

Auch an Land hältst Du Dich fit,
ob Marathon, ob Walking-Tritt.
Hier erkennt man wie sich paart
Verstand bei Dir mit Lebensart.

Wenn, biologisch kaum zu meiden,
Gelenke Schleißerscheinung zeigen,
dann steigst Du, absolut nicht dumm,
vermehrt aufs Radeln einfach um.

Du brauchst ein Rennrad, leicht zu fahren,
Dir Fitness lange zu bewahren.
Und dieses lässt mich jetzt zum Schluss
erwähnen unsern Obolus.

Er ist gedacht von uns als Zeichen.
Für Klingel und für Speichen wird hoffentlich er reichen?

Wir danken Dir für diesen Abend.
Besonders Dir sei er erlabend.
Er sei ein Start in gute Zeiten
mit viel Erfolg und wenig Pleiten!

Erhalt Dir Deinen Lebensschwung.
Bleib körperlich und geistig jung!

2000

Ein Mann einmal

Ein Mann einmal,
aus gutem Holz,
auf seine Leistungen
recht stolz,

erfuhr im Laufe
seines Lebens,
dass alle Leistung
war vergebens.

Es dauerte
erstaunlich lange,
bis er recht deutlich sah
die Zange,

die ihn erfasst
von beiden Seiten:
Stets aus Erfolgen
wurden Pleiten.

Er fragte sich,
vor allen Dingen,
warum nichts wollte
mehr gelingen?

Nur diese Frage
war ihm wichtig,
das Drumherum
beinahe nichtig.

Ganz unbewusst
kam unser Mann
an einem
Wendepunkte an.

Indem er
jene Frage stellt,
sieht er verändert
seine Welt.

Erkennt, was wirklich
hier auf Erden
von ihm geleistet
sollte werden.

Erkennt, gerade
noch beizeiten,
dass solcher Leistung
niemals Pleiten

zwangsläufig immer
folgen müssen.
Es gilt, das Falsche
abzubüßen,

dem er Respekt
bisher bezeugt,
vor dem er ständig
sich verbeugt.

Nun gilt, sich endlich
zu besinnen.
Den Blick zu richten
tief nach innen.

Zu hören auf
des Blutes Rauschen
und nur der Stimme
dort zu lauschen,

die leis´ beharrlich
zu ihm sagt:
Bleib auf dem Weg,
sei unverzagt!

2001

Liebe Dorette!

Ein Muttertag
wie schon recht viele
und doch, ein wenig anders noch.
Geändert haben sich die Ziele.
Verschwunden ist das Einerlei, das sich verkroch.

Du bist zwar
weiterhin noch Mutter, ja.
Das wird auch fürderhin so sein.
Doch gleich
daneben steht die Großmama,
worüber sich die Tochter und die Enkel freu´n.

Das ist ein neues,
manchmal auch beschwerlich Werk,
das Du getreulich wirst verrichten,
ganz gleich,
ob für den einen oder ander´n Zwerg.
Doch reuen wird es Dich mitnichten.

Denn reichlich Lohn
ist für Dich auch dabei,
gleich, ob von Nina oder Benjamin.
Ob es ein Kuss
oder nur Kinderlachen sei.
Dein Omaherz schmilzt dann sogleich auf´s Neu.

Noch viele Muttertage
solcher Art
ich wünsche Dir von Herzen,
und, dass es
werde nie zu hart,
und, dass Du nie verlierst die Lust zu scherzen.

Aus der Sicht des Ehemannes   1995

Erinnerung

Es so weit.
Die Weihnachtszeit
ist wieder da.

Erwachsene Leute
erinnern heute
wie das für sie als Kinder war.

Manchmal seh ich mit leiser Trauer
die unverständlich hohe Mauer,
die mich vom seligen Damals trennt.

Ich frag mich manchmal ganz benommen:
Wie konnte es nur dazu kommen,
dass ich stets haste im Advent.

Und auch selbst unterm Weihnachtsbaum
sich einstellt diese Freude kaum,
die ich als Kind im Übermaß empfunden.

Gesteh dir ein, mach dir nichts vor,
du wärest sonst ein rechter Tor,
dass du kein Kind mehr, unumwunden.

Du hast Erwachsensein erkoren
und dabei leider dann verloren
das Staunen und den Kindersinn.

Es ist an mir,
deshalb bin ich auf Erden hier,
darin zu finden auch Gewinn.

1997

Jahreswechsel

Das Alte hat bald ausgedient.
Das Neue wird bald eingeschient.
Das ist ein Zustand ohne Power
und auch zum Glück von kurzer Dauer.
Gemeint ist hier die Jahreswende.
Sie geht gewöhnlich schnell zu Ende.

Sylvesterkrach vertreibt das Jahr,
das altersschwach allmählich war.
Mit Böllern und Raketen,
mit fröhlich feuchten Feten,
zieht jetzt heran das neue,
auf das sich jeder freue.

Das Jahr ist frisch, der Mut ist hell.
Es dreht sich flink, das Karussell.
Lasst uns in diesem Geist beginnen!
Wir wollen in dem neuen Jahr
nur weniges verlieren,
doch dafür viel gewinnen!!!

Ein moderner Casanova?

Keine Ahnung von
            Tuten und Blasen,
wohl aber von
            Taten in Blusen!

Jeder nach seiner Fasson

Gar mancher bringt mit seinen Reimen
des Weibes Liebe sich zum Keimen.
Ein andrer findet den Gewinn
in Reimen von des Lebens Sinn.
Ein dritter hat erst dann Genuss,
wenn ihm gelingt ein Scherz-Erguss.

Auch ich reite von Zeit zu Zeit
den Pegasus, jedoch nie weit.
Schnell wirft mich ab der Flügelzossen.
Doch meinerseits, ganz unverdrossen,
besteig ich wieder diesen Gaul.
Was daraus wird, ist meistens faul.

Das Krokodil

Der Peter stolpert
an der Hand
von seinem Vater
so durch das Land.

Was der verlangt,
ist schon ne Menge.
Der Weg geht furchtbar
in die Länge.

Der Vater,
um ihn abzulenken,
rät, an ein Nilpferd
mal zu denken.

Halb träumt der Peter,
schwach und schlapp.
Doch plötzlich hinter ihm
macht's - "klapp"!

Er schaut sich um.
Den Anblick wird er nie vergessen.
Ein Krokodil versuchte grade
wahrhaftig ihn zu fressen.

Jetzt kann der Peter aber gehen.
Er kann sogar auch laufen.
Nicht so das lahme Krokodil.
Denn das beginnt zu schnaufen.

Des Fressers Beine sind recht kurz.
Und bald fehlt ihm die Luft.
Er tut den letzten Schnaufer schon.
Dann bricht zusammen dieser Schuft.

Dem Peter war noch immer bange.
Drum lief er weiter,
klaglos,
lange.

Der Vater aber
schmunzelt still.
Manchmal hilft selbst
ein Krokodil.

2000

Gefahr einer Sepsis?

Salomon der Weise
griff kürzlich in den Mist.

Das zeigt, dass auch dem Salomon
ein Missgriff möglich ist.

Das zeigt, dass auch der Weiseste
schon mal nicht bei Verstand.

Sonst griff er sicher in den Mist
nicht mit der bloßen Hand.

Sieh´ also auch den Salomon
niemals ganz ohne Skepsis.

Und was nun seine Hand angeht:
Befürchte eine Sepsis.

2002

Naturbeobachtungen

Meist nur im Wonnemonat Mai
die Akelei
zeigt ihre schönen Blütenkelche.

Doch sieht man nicht zu einer Jahreszeit
in Finnland nur
die echten großen Elche.

Das trifft auch zu
für´s Känguru
im fernen Austeralien.

Und immer öfter sieht bei uns
in Blumenkästen
man Aralyen.

Ins Gästebuch von Hotel Hollauf

Wie heißt doch gleich
in Österreich
der Ort , an dem die Hollaufs leben?

Das ist nicht weit
von Salzburg weg
und auch nicht weit von Eben.

In Wagrain, am Kirchboden draus´,
grad beim Karl Heinrich Waggerl-Haus,
sind sesshaft sie geworden.

Sie haben ständig Gäste viel
aus Westen, Osten,
Süden, Norden.

So kamen einst
auch wir hierher
und kommen immer wieder.

Bisher nur zu der Winterszeit,
demnächst vielleicht,
wenn blüht der Flieder.

Denn wenn´s im Winter
gut hier ist,
wie soll´s im Sommer anders sein?

Ganz gleich wann wir
auch kommen werden,
die Freud´ darauf ist niemals klein.

Diskrepanz

Viel Steine gab´s – und wenig Brot,
doch Schweine viel – und noch mehr Kot.

Nach langem Winter

Nach diesem langen Winter
hört´ heute ich zuerst ganz leise,
dann triumphierend keck,
die frische Stimme einer Meise.

Die Lebensfreude,
hellvertont!
Wie klingt sie uns
noch ungewohnt.

Wie klingt sie schön
nach Winters stummer Qual.
Ach Meise,
rufe noch einmal!

Der Dichter

Ich bin zwar ein schlichter,
doch regelmäßiger Dichter.

Denn im Haus gibt es immer,
zum Beispiel im Badezimmer,

die tröpfelnde Armatur,
die durch Dichten allein in Ordnung kommt nur.

So dichte ich beinah mein ganzes Leben.
So wird es wohl auch bis ans Ende mir geh´n.

Ich werde beim Dichten stets Mühe mir geben.
Dass es trotzdem wieder tropft, werden Sie schon seh´n.

Lieber Schatz!

Das Jahr ist weg!
Wo ist es geblieben?
Mich fasst ein gelinder Schreck:
Wer hat es vertrieben?

Vertrieben worden ist es kaum.
Es ging nur mit der Zeit.
Das tut sogar der Weltenraum
und so auch wir – Vergänglichkeit!

Alles ist vergänglich hier,
schwimmt im Zeitenstrom.
Erst wenn das erkennen wir,
winkt vielleicht uns Lohn.

Denn wir sehen dabei auch,
dass wir wollen viel zu viel,
dass so mancher "gute Brauch"
uns entfernte nur vom Ziel.

Flüchtig ist der Welten Schein,
zeigt uns das entschwund´ne Jahr.
So auch unser Müh´n und Treiben,
beinah´ jeden Wertes bar.

Haben wir etwas errungen,
gleitet es uns aus der Hand.
Alten geht es so und Jungen.
Nichts hat dauerhaft Bestand.

Also lass uns neu beginnen,
lassen wir den Flitter sein.
Öffnen unsre Herzen nun
dem, was hinter solchem Schein.

Dass Du dieser Stimme lauscht,
die alleine still uns macht,
die, wenn´s rings auch lockt und rauscht,
ruft uns aus des Daseins Nacht,

dass das neue Lebensjahr
Dir freundlich sei in diesem Sinn,
dass an seinem Ende Du
wirklich siehst Gewinn,

wünscht Dir hier mit aller Kraft
Dein Hans – ein "Blümchen", nicht mehr "voll im Saft"!

zum Geburtstag 2001

Erwischt

Jetzt seh ich mich doch
wie ein Fisch an der Angel
und mehr als gedacht
in der Gefühle Mangel.

Mit dem Schreiben des Buches
hab ich geschluckt
einen Haken, den ich besser
wieder ausgespuckt.

Ich dachte, ich könnt´ ,
distanziert – souverän,
mit meinem Buch
zu den Verlegern gehen.

Fast war das am Anfang
beinahe auch so.
Das hatte mich erleichtert.
Darum war ich froh.

Doch als ich dann merkte,
das Interesse war knapp,
da fiel die Distanz
recht schnell von mir ab.

Da hat sich die Schlange
in mir gehäutet
und offen gezeigt
was sie mir bedeutet.

Da wurde mir
unmissverständlich klar
wie wichtig mir das
als Aushängeschild war.

Ich muss für mich
tatsächlich akzeptieren:
Ich will nichts andres
als mich distanzieren.

Und zwar nicht,
was ich anfangs gedacht,
distanzieren von dem,
das als Übel eracht´.

Nein, gehen will ich,
der dumme Hans,
nur zu den "Nachbarn"
arrogant auf Distanz.

Will sich und anderen
nur beweisen,
dass er sich bewegt
auf "anderen" Gleisen.

Will zeigen, dass er
ein Buch schreiben kann.
Und das kann bekanntlich
nicht jeder Mann.

So also bin ich
so recht entlarvt.
Ich hab einen Geist,
noch recht unbedarft.

Das macht mich nun wirklich
sehr betroffen.
Kann ich da noch
auf Änderung hoffen?

Heimlich im Hintergrund
hör ich Gekicher
und jemanden sagen:
Da wär ich nicht sicher.

Hilft es denn jetzt,
mein Begehren zu meistern?
Es mit was Edlerem
zu zu kleistern?

Kann solches denn
überhaupt gelingen?
Lässt sich das
mit dem Verstand erzwingen?

Eigentlich bleibt mir nur,
zu vertrauen
und nur auf Seine
Hilfe zu bauen!

2001

Funkstille

Liebe Tochter,
welch ein Los?
Wie lange sind wir
jetzt "kinderlos"!

Und gleichzeitig
auch ohne Enkel.
Das ist ein
arges Seelenkränkel.

Wie können wir
Dich nur betören,
dass wir bald wieder
von Dir hören?

Wir bitten Dich,
fast auf den Knien,
doch uns nicht länger
mehr zu fliehen.

Zwei alte Eltern
ohne Kind
beinahe so
wie Krüppel sind.

Willst Du den Zustand
nicht beenden
und uns ein
kleines Zeichen senden?

Ist das für Dich
jedoch zu früh,
und macht Dir solches
noch viel Müh´,

dann folgen wir
dem Weg, dem harten
und werden einfach
weiter warten.

Wir denken jeden Tag an Dich!
Wir wünschen zum Geburtstag heute
Dir einen wunderschönen Tag
und zu Besuch viel nette Leute!

1997

Liebe Tochter!

Sonnenschein
zog kürzlich wieder
bei uns ein.

Ja, dem Warten
ohne Wende
macht der Sonnenschein
ein Ende.

Sich gelohnt hat
Hoffen, Harren.
Nenn mich ruhig
einen Narren.

Riesengroß ist
unsre Freud´!
Vorbei die
tochterlose Zeit!?

Mag vielleicht es
lang noch gehen,
dass wir nicht sehr
oft Dich sehen.

Doch ist das
nicht einerlei,
nicht einmal
irgendwann vorbei?

Dann sind unsre
Pfade eben.
Dann werden wir
zusammen leben.

Kein Missverständnis,
keine Qual.
Ganz gewöhnlich,
ganz normal!

Doch für heute
wünschen wir
viel Geburtstags-
freude Dir.

Eine Menge
schöner Sachen.
Dass die Kinder
Freude machen.

Und, dass Dir
mit Michael
dieser Tag
erscheine hell!

Doch Schluss nun,
auch mit dem Gefühl,
mit dem "Theater".

Es gratulieren zum Geburtstag Dir
ganz herzlich
    Deine Mutter
    und
    Dein Vater

Liebe Tante Liesabeth!

"Ich möchte nicht mehr 18 sein"
würd´ ich mit 81 sagen.
Obwohl es sicher ist recht kühn
solch´ Wort schon jetzt zu wagen.

Jedwedes Alter ist von Reiz,
ein jedes hat auch seine Plagen.
Das kann ich ohne Risiko
schon jetzt mir 65 sagen.

Aus Selbsterfahrung leit´ ich ab
was ich ganz oben sagte.
Auch hab´ ich nicht vergessen ganz
was mich mit 18 plagte.

Ich strampelte mich damals ab
an Körper und an Geist.
Schon früh am Tage war ich schlapp.
Auch hatt´ ich Liebeskummer meist.

Die Freuden waren recht gering,
auch die der Liebe mäßig.
Ich war recht fett und schlechter Ding.
Denn Liebeskummer macht gefräßig.

Wie anders sieht das heute aus.
Brauch nicht malochen für mein Geld.
Zwar gehen mir die Haare aus.
Doch froh genieße ich die Welt.

Zwar bin ich manchmal etwas krank.
Das war ich früher auch.
Doch heute bin ich rank und schlank.
Verschwunden ist der Bauch.

Wenn ich Dich mal von ferne seh`
und sogar aus der Nähe,
bist Du so jugendlich und schlank,
sprichwörtlich wie die Rehe.

Bist voller Leben, voller Drang,
nimmst nicht zur Kenntnis Deine Jahre
und hast im Unterschied zu mir
noch Deine vollen Haare.

Und neulich dieses Wunder!
Ich sah Dich lachen wunderschön.
Man konnte Deine Zähne selbst
in der Dämm´rung leuchten sehen.

Bewegst Dich täglich souverän.
Hast in der Hand die Zügel,
lässt Herrenbrück und Thomas stehen,
prescht über Oberlohbergs Hügel.

So nehm´ ich Dich zum Vorbild mir.
Auch ich will werden reif und jung.
Will ständig in Bewegung bleiben.
Nur das erhält den Schwung.

Dass Dir der Schwung noch lang´
gegeben,
dass Du noch lange kannst so leben,
so frei von allen Zwängen,
die andre oft beengen,
das wünschen zum Geburtstag Dir
in diesem Kreise alle hier !

2000

Quer durchs Leben

Als Kleinkind kaut er
        Pimpernuckel.
Als Jüngling hat er
        Numperpickel.
Als Reifer isst er
        Pumpernickel.
Den Alten ziert ein
        Nimperpuckel.

Ist das nicht
        krasser Wahn,
Bier zu erwarten am
        Wasserkra(h)n?

Das Herstellen von

        Borkenpillen
  aus
        Birkenpollen
ist
denkbar einfach.
Man vertausche nur zwei Selbstlaute miteinander.

Lieber Benjamin!

Heute schlägt es "zwölfe" Benni,
12 ! ruft alles jetzt im Chor.
Solches kommt bei jedem Menschen
tatsächlich nur 1 x vor.

"Zwölfe", das ist nicht von Pappe,
sage ich Dir heute, Du!
Und vor Staunen meine Klappe
krieg ich nur mit Mühe zu.

12 wird mancher brave Hund
grade mal so eben.
Dabei musste er erfahren doch recht viel
in seinem Leben.

Musste lernen "Männchen" machen,
auf Befehl auch "Sitz"!
Das war manchmal nicht zum Lachen
und auch oft nicht grad ein Witz.

Solches wird wohl kaum erwarten
jemals jemand auch von Dir.
Dafür wird Dir andres sauer.
Jedem geht's so, glaube mir.

Mit der Schule fängt es an.
Lehrer, die man nicht kann riechen.
Nun, der Kluge passt sich an.
Was nicht heißen soll, zu kriechen.

Häufig wirst Du nicht verstehen,
was der ganze Schmores soll.
Machst Du weiter unverdrossen,
wird es doch am Ende "toll"!

Dieses stete Weitermachen,
auch wenn´s oft Dir nicht gefällt,
lässt Dich einst erfolgreich werden
und geachtet in der Welt.

Noch mal 12 der Hundejahre,
nicht aus Lernen nur, auch Spiel,
bringen Dich mit 24
dicht schon an Dein Lebensziel.

Lang erscheint Dir diese Zeit
heute noch in Deinen Augen.
Doch wie schnell sie wirklich saust,
wird später Dir den Atem rauben.

Doch was rede ich von später!
Heute bist Du "zwölfe" alt.
Später ist Dein erstes Handy
längst verbraucht und schon uralt.

Heute sollst Du es benutzen.
Hab viel Freude dran.
Zum Geburtstag alles Gute
wünscht Dir heute jedermann !!!

2003

Lieber Kegelbruder Hans,

noch immer Glanz
strahlt aus Deinen Kegleraugen
wenn wir bewundernd kaum es glauben,
wie Du die Bauern triffst auf beiden Seiten.
Ganz selten sind bei Dir die Pleiten.
Und auch beim Stossen von den Damen
sieht man Dich selten nur erlahmen.
Sag uns doch bitte: Was erschafft
Dir diese starke Rentnerkraft?
Sag bitte lieber Hans es mir,
Worin besteht Dein Elixier?
Sollte das Deine Else sein?
Dann bitte ich die Gattin mein,
nicht länger an mir "rumzumoppen",
sondern mich auch so "hochzudoppen".
Denn solch erstrebenswertes Ziel
auch ich gerne erreichen will.

Doch einerlei
wie dem auch sei.
Wir hörten wohl die frohe Kunde:
Der Hans gibt ´ne Geburtstagsrunde.

Zu diesem Tag wir jetzt gemeinsam gratulieren
und wollen keine Zeit verlieren
und hoffen, wie ein Donner grollt´s,
wenn für die Zukunft wünschen wir:

Gut Holz, gut Holz, gut Holz – Holz – Holz !!!

1998

Ganz in seinem Element am Computer
ist Klaus Mick
beim Maus-Klick !

Wie gut, dass sie den Bogen mit dem Hausrat
jetzt raus hat !

Zum Muttertag

zum Muttertag ich gratuliere,
selbst wenn ich nicht Dein Sohn..
Für Deine Liebe, Sorgen, Mühe
gebührt Dir eigentlich auch Lohn.

Ich bin gewiss,
Du wirst erfahren
von Deiner Tochter das.
- In Jahren?

Bis dahin
darfst Du Dich nicht kränken.
Musst Gott und ihr
Vertrauen schenken.

Es gibt viel Schönes auf der Welt.
Man muss nur richtig sehen.
Hinzu kommt, was ganz wunderbar,
dass wir uns gut verstehen.

Drum lass uns jeden Tag erneut
nach diesem Ziele streben:
So lang es uns noch ist gewährt,
bewusst gemeinsam glücklich leben !

1998

Zu spät

Wer ständig nur
sein Anseh´n putzt
und seinen Nächsten
nur benutzt,

für den ist es
am Lebensende
zu spät für
eine Lebenswende.

Der muss gestehn,
am Ende seines Lebens,
dass er gelebt
im Grund vergebens.

Liebe Anne,

jedes Jahr
ist Weihnachten.
Wie wunderbar.

So wird's wohl auch
im nächsten sein.
Sollt ich mich irren?
Ich glaub nein.

Dasselbe gilt
auch für Neujahr.
Ist das nicht
gleichfalls binsenwahr?

Den Unterschied
macht nur das "wie".
Ob´s friedlich ist,
ob´s schmerzt, das Knie.

Ob friedlich sind
auch die Verwandten.
Oder ob streiten
sich die Tanten.

Deshalb, nicht aus
dem Handgelenk,
wir wünschen Dir
als ein Geschenk:

Von zänkisch
alten Tanten frei
für Dich das
Weihnachtsfest heut sei.

Doch eine andre
Freiheit mehr
wir wünschen intensiv
Dir sehr:

Frei sein von
Schienen und Perücken.
Dass alles sich von selber "streckt",
dass neue Haare Dich entzücken.

Auch von den
andern Zipperlein
das neue Jahr
soll Dich befrei´n.

Und, Gott erhalt
Dir diese Waffe,
die besser ist
als Arzt und Pfaffe,

die gar nicht kommt
so häufig vor.
Ich mein den
Destotrotz-Humor.

Ich schätze Deine Kochkunst sehr,
ob das nun Steaks sind oder Flundern.
Doch den Humor kann staunend ich
und vorbehaltlos nur bewundern

In diesem Sinn
ein frohes Fest.
Ein angenehmer
Jahresrest.

Und, wenn in diesem Jahr
Gesundheit ehr war Mangelware,
so sei sie Dir in größer´m Maße
zugedacht im neuen Jahre!

Rat an einen "Noch-nicht-Rentner"

Doch leider muss ich unter Kichern
ganz im Ernste Dir versichern:
Der Rentnerzustand ist zwar schön,
das wirst auch Du bestimmt einst sehn.
Doch geht die Zeit dann doppelt schnell.
Darum sei heut ein klug Gesell.
Genieße den Urlaub, die freien Tage.
Denn sie sind wirklich, ganz ohne Frage,
(weil noch im Beruf) besonders schön.

Der helle Glanz ist weg,
Du wirst es sehen,
wenn sie im ständige freien Rentnerleben
allmählich etwas untergehen.

Machst Du mal shopping,
   Ware haschen,
solltest Du vorher
   Ha<u>a</u>(a)re waschen!
Dies rät Dein Freund, der
   Esser Baus.
Du siehst dann einfach viel
   besser aus.

Ebenso halbherzig wie
   klägliches Zagen
   ist **zägliches Klagen**.

Liebe Kegelschwestern und -brüder !

Im Film sieht man wie "Lola rennt".
Wenn Ihr mich anseht, Ihr erkennt,
dass mir was auf den Nägeln brennt.

Ich tue kund Euch
und zu wissen:
Ab 99 müsst Ihr wohl
die monatlichen Verse missen.

Der Grund ist der,
mein Geist wird matt.
Die Verse werden
schlaff und platt.

Es fällt mir
nichts mehr Neues ein.
Drum lasse ich
das Reimen sein.

Vielleicht statt dessen
gibt es Heiteres und Witze,
die jeder holt
aus einer Ritze

von seinem Hirn.
Da stecken sicherlich noch Sachen,
die können uns
auch lachen machen.

Ein jeder kramt
in diesen Resten,
gibt einfach uns
davon zum Besten.

Vielleicht ist´s auch mal
was zum Weinen.
Dann trinken wir halt
eben einen.

Woll´n wir´s probieren
für ein Jahr?
Wär das vielleicht
nicht wunderbar?

Nun wünsche ich uns allen,
erquickend und labend,
ein leckeres Essen und fröhliches Plaudern
am heutigen Abend !

Gut Holz, gut Holz, gut Holz-Holz-Holz !!!

Oma, Opa und eine Erkenntnis

Jetzt geht Opa in den Keller,
langsam erst, dann etwas schneller.
Kommt er schließlich unten an,
ist er recht ein froher Mann.

Dreht die "Pötte" dort in Reihe,
dass es ihn so richtig freue.
Ist verrückt nach seinem Ton,
hört dich nur mit Megaphon.

Sieht nicht Regen und nicht Sonne,
dreht mit ungebremster Wonne.
Seine Scheibe steht erst still,
wenn die Oma dieses will.

Denn sie lockt mit ander´n Sachen,
die der Opa nicht kann machen.
Erbsgemüse, Marmorkuchen
Solche Qualität zu suchen,

muss man gar nicht erst probieren.
Das wär reines Zeitverlieren.
Das weißt du schon so wie so:
So was gibt es nirgendwo!

So hat jeder seine Stärken.
Jeder werkelt vor sich hin.
Das bewusst auch zu bemerken,
ist vielleicht ein Lebenssinn.

Überseh´n wir nicht oft Dinge,
die im Grunde wichtig sind?
Weil wir ständig sind in Eile,
grad´ für Wichtiges oft blind?

Muttertag

Am Muttertag,
das ist mal so,
sind meistens
alle Väter froh.

Erst da wird Vätern
oft bewusst,
was eine Mutter
leisten muss.

Die Kinder kommen
zwar besuchen.
Die bess´ren backen
sogar Kuchen.

Doch um das ganze
zu gestalten,
läuft Mutter Blasen sich
und Falten.

Was ist nicht alles
zu bedenken?
Ob Kaffee oder
Tee einschenken?

Was liebt die
Schwiegertochter mehr
zu Mittag, Suppe oder
das Dessert?

Der eigne Sohn
ist meistens simpel,
doch manchmal auch
ein eitler Gimpel.

Das zeigte deutlich
die Krawatte,
die letztmals er
getragen hatte.

Ein Wort, vorschnell,
war ihr entflogen.
Er wäre beinahe
ausgezogen.

Jawohl, es gilt auch
zu bewachen
die Harmonie und
heikle andre Sachen.

Was an dem Tag zusammenkommt,
nicht jeder
und nicht jedem
frommt.

Die Frau vom Fritz
ist grad zerstritten
mit Emil. Keiner will
den ander´n bitten

sich endlich wieder
zu vertragen.
Das schlägt der Mutter
auf den Magen.

Das kann die Stimmung
sehr beschränken.
Auch das muss Mutter
klug bedenken.

Oft ist wahrhaftig
eine Plag,
der langersehnte
Muttertag.

Ein Vater,
der kein Ignorant,
hat solches lange
schon erkannt.

Wenn alles dann
vorüber ist,
er abends seine
Frau zart küsst.

Dann flüstert er,
ja, das kommt vor,
ihr schuldbewusst
ins linke Ohr:

Wie schön, dass
bei uns alles ist "in Butter",
dass von uns beiden
du die Mutter.

Mal fasst der Tod

Mal fasst der Tod den Menschen an.
Ob plötzlich oder ob er siecht.
Und es trifft wirklich jedermann.
Wenn er sich auch verkriecht.

Frei und gleich und brüderlich geht's auf der Welt nicht zu.
Und niemals geht es zu gerecht.
Doch sprach der Herr ein Machtwort einst:
"Tod, hier sei du mein strenger Knecht"!

"In einem sei Gerechtigkeit.
Nach einem richte sich die Welt.
Der Tod ereile arm und reich.
Auch wenn´s dem Menschen nicht gefällt"!

So steh´ als Mahnung immer dies Eine still vor seinem Sinn.
Und die Erkenntnis reife ihm:
Dass Streben nur nach Macht und Geld
bringt niemals wirklichen Gewinn.

Der irische Täter I

Ein Mann in Irland
war auf ein Weib versessen,
nachdem er zuvor
viel rohes Fleisch hat gegessen.

Er schwängerte zart
aber zielgenau
seines Nachbarn
junge Ehefrau.

Der Richter strafmildernd
den *tierischen Äther*
berücksichtigt gnädig
beim *irischen Täter*.

Wohl nichts verbindet
           Kinder-Reime
mit BSE, sprich
           Rinder-Keime.

Für Dich

Weihnacht sei in Deinem Herzen.
Weihnacht sei in Deinem Haus.
Zünde an die Weihnachtskerzen,
doch blase sie beizeiten aus...

Weihnacht gebe Ruhe Dir und Frieden.
Weihnacht sei Dir Halt und Kraft.
Halte haus mit Deinen Kräften,
sonst bist Du am End´ geschafft.

Weihnacht ist des Jahres Ende.
Weihnacht ist eine Zäsur.
Dass kein Weihnachtsstern Dich blende,
bleibe "auf dem Teppich" nur.

Weihnacht ist das Fest der Liebe.
Weihnacht meint es gut mir Dir.
Öffne weit Dich seinem Geist,
der sich niemals Dir verlier´.

Im Gleichmaß der Jahre

Wieder ist ein Jahr vorbei,
mit Sonne und mit Regen.
Wieder war es nicht nur Frust,
sondern Freude auch und Segen.

Wieder wie schon viele Mal,
sahen wir das Rad sich drehen.
Wieder wie schon oft zuvor,
war manches nicht recht zu verstehen.

Wieder nehmen wir uns vor,
 unsren Tag neu zu gestalten.
Wieder wird es dann so sein,
dass wir manches nicht gehalten.

Wieder wünschen nicht nur wir,
sondern and´re Freunde auch,
wieder alles Gute Dir
wie das so der Brauch.

Ein Rat mit Perspektive

Ein alter Nagel
wird leicht rostig!
Ach bitte schau doch
nicht so frostig.

Ich meine damit
doch nicht Dich.
Ich denke dabei
eh´r an mich.

Drum soll man
jede Chance nutzen
und möglichst täglich
ihn neu putzen.

Dann hält er lange
seinen Glanz
und bleibt auch lange
grad und ganz.

Das sei für mich
auch mein Bestreben.
Denn gerne würde ich
lange leben.

So halt ich weiterhin
mich munter.
Lauf Treppen rauf,
noch mehr als runter.

Und lass den Fahrstuhl
oft allein.
Will frei von solchen
Hilfen sein.

Denn Rost setzt
immer schneller an.
Sei auf der Hut,
betagter Mann.

Musst Du Dich bücken,
mach den Test:
Hältst Du vielleicht
Dich dabei fest?

Wenn das so ist,
gib keine Ruh.
Die Schuhe mach
im Stehen zu.

Glaub mir,
vielleicht auf diese Weise
schafft man es
bis zum echten Greise.

Man bleibt flexibel
bis zum Schluss,
wo jeder einmal
gehen muss.

Dann kommt man fit
auch in den Himmel.
Zieht fröhlich an
der Pfortenbimmel.

Der Petrus sieht
mit einem Blick:
Ist der gut drauf
und noch recht schick.

Das ist mal eine
gute Sendung.
Für den hab ich
bestimmt Verwendung.

Er öffnet weit
die Barriere.
Auf geht's
zur Himmelskarriere.

Findelkinder

Wie gäbe es

        Findelkinder,

gäb´s keine

        Kindelfinder?

Um diese zu ehren macht

        Sindelfingen

alljährlich das große

        Findelsingen.

Ist das ein Fortschritt
oder zählt ´s zu den Schlappen,
wenn man in Hamburg erfand
jetzt die Kinderklappen?

Das Jahr

Aus grauer Kälte
Blüten sprießen.
Du hast kaum Zeit,
sie zu genießen.

Dann grünt schon alles,
wird früchteschwer.
Füllt Scheuern und Fässer,
nun nicht mehr leer.

Der Herbst ist vorbei.
Der Winter naht.
Jetzt beginnt Freund Hein
mit seiner Mahd.

Didelmaus und Dudelbär

Ich bin Rosita Didelmaus
und grade mal 3 Jahr.
Ich kenn´ noch nicht viel von der Welt.
Ja, das ist leider wahr.

Und ich bin Moritz Dudelbär.
Ich bin im Winterschlaf.
Mir liegt im Magen noch sehr schwer
das letztgefressene Schaf.

Jetzt geh ich auf Entdeckungsfahrt
als kleine Didelmaus.
Verlasse heimlich unbemerkt
das Didelmäusehaus.

Und ich, der Moritz Dudelbär
träum friedlich vor mich hin.
Denn das ist wirklich ganz und gar
des Winterschlafes Sinn.

Ganz plötzlich steh ich Didelmaus
vor einem Riesenloch,
aus dem unheimliches Geräusch
heraustönt, noch und noch.

Der Dudelbär im Schlafe schnarcht.
Er selber merkt es kaum.
Er fühlt sich grade pudelwohl
in seinem Bärentraum.

Rosita hat sich sehr erschreckt.
Doch Angst hat sie nicht! Nein!?
Und weil die Neugier größer ist,
springt sie ins Loch hinein.

Inzwischen ist dem Dudelbär
nicht mehr so wohl zu Mut.
Im Traum die Jagd auf einen Lax,
gelang im gar nicht gut.

Rosita steht mit einem Mal
vor einem Riesenberg
aus dicken braunen Haaren.
Dagegen ist sie nur ein Zwerg.

Der Dudelbär ist nicht mehr laut.
Nur leiser noch er säuselt.
Wobei sich seine schwarze Nase
von Zeit zu Zeit ganz neckisch kräuselt.

Rosita sieht ne Weile zu,
dann hat sie Langeweile.
Und plötzlich kommt ihr "die Idee".
Sie führt sie aus in Eile.

Indessen Moritz stört im Traum
ne lästig freche Fliege
auf seiner Nase und er denkt:
Wart nur, wenn ich dich kriege!

Rosita aber, keck und dreist,
mit einem Halm aus Stroh,
ihn ständig an der Nase kitzelt,
bis dass er niest - oho!

Bär Moritz macht ein Auge auf,
ganz wenig nur, will´s wieder schließen.
Da kommt ein neuer Juckreiz , schnauf!
Er muss erneut ganz furchtbar niesen.

Rosita hat nicht aufgepasst.
Drum ist in weitem Bogen,
der Niesdruck hat sie voll erfasst,
sie an die Höhlenwand geflogen.

Der Moritz denkt: Das ist vorbei.
Und will sich wieder legen.
Da hört er, wieder halb im Schlaf,
sich in der Höhle etwas regen.

Rosita hat sich aufgerafft
und ist noch ganz verduzt.
Sie merkt daher erst viel zu spät,
dass Moritz seine Tatzen nutzt.

Mit ihnen hat er, nebenbei,
Rosita jetzt erfasst.
Doch klein und wendig wie sie ist,
entkommt in großer Hast.

Sie hat ein Mauseloch gesehen,
das aus der Höhle führt.
Doch der verblüffte Moritzblick
hat sie im nachhinein gerührt.

Nun zögert sie,
ganz weg zu gehen.
Noch einmal will sie
Moritz sehen.

Und unverseh´ns
führt sie zurück
der überraschte
Moritzblick.

Jetzt sehn die zwei sich richtig an.
Sie sieht den braunen Berg.
Und er bestaunt den langen Schwanz
an diesem kleinen Zwerg.

Für jeden ist
der andre neu.
Beim Sprechen schwindet
ihre Scheu.

Und bald versteh´n
sich beide gut.
Rosita ist jetzt
voller Mut.

Ersteigt nun kühn
den braunen Recken.
Kann sich in seinem
Pelz verstecken.

Ihr Krabbeln über
Bauch und Rücken
lässt Moritz grunzen
vor Entzücken.

Dabei erwischt sie
Läus´ und Flöh´,
die ihrerseits dem Bär
tun weh.

Und als dann kam
die Sommerzeit,
da sah man beide
stets zu zweit.

Moritz zeigt Rosi
stolz die Welt.
Und ihn nicht
eine Zecke quält.

Sie schlossen Freundschaft
für das Leben.
Ein jeder liebte sehr
den ander´n.

Und wenn sie nicht
gestorben sind,

sieht man sie heut´
noch wandern.   2001

Das Kräutchen "Rühr mich an"

In vielen Gärten wächst ein Kraut
gar wirksam und doch mild.
Oft muss man es erst suchen.
Denn meistens wächst es wild.

Es ist das Kräutchen "Rühr mich an",
befördert zögerliche Liebe.
Es hilft der Frau, doch auch dem Mann,
zu wecken süße Triebe.

Doch wird es einfach nur getrunken,
bleibt auch die Wirkung schon mal aus.
Man muss des ander´n tief gedenken.
Dann blüht der Liebe voller Strauß.

Der Trank hat manches Gute schon
bewirkt im Menschenleben.
Nur muss man selber dazu auch
stets nach dem Guten streben.

Nur im Verein mit gutem Wollen
schafft Wirkung selbst der beste Trank.
Wer stets was tut für seine Liebe,
wird daher niemals liebeskrank.

Der braucht das Kräutchen nicht zu suchen,
er hat ja, was er will.
Er kann erworb´nes Glück genießen,
ganz unauffällig, froh und still.

kontrovers

Ein Kontro-Vers ist kontrovers.
        Denn immer er entgegensteht
dem, was er grade sagen will.
        Und dessen Sinn im Wind verweht.

"Nun gut. Dann
        zeug´ ihn", –

sprach zum Zeugen die
        Zeugin!

Wenn einer eine Reise tut …

Wenn einer eine Reise tut,
rat ich ihm ohne Lachen:
Er sollte dieses nie zu Fuß,
nur mit dem Auto machen.

Dieses lernten wir mit Freunden
unter fürchterlichen Leiden,
wo, nach 20 Km, wir alle waren,
ohne Schwank,
richtig an den Füßen krank..

Ja, wir wollten, das war klar,
mal richtig wandern an der Ahr.
Von Neuenahr bis nach Dernau.
Auch solches wussten wir genau.

Zum Rotwein-Wanderweg die
Menschen strömten hin Scharen.
Mit uns sie ihn bevölkerten
in Gruppen und in Paaren.

Die Sonne schien so warm.
Der Blick schweift über weite Höhen.
Im Tal entsteht ein Autostau.
Das kann von hier man
sehr gut sehen.

In Dernau jedes Restaurant
der Menschenmenge war bekannt.
Drum hatte sie sich nicht geniert
und jeden Tisch dort reserviert.
Der Ober lachte: "Gegen 3
vielleicht Sie kommen mal vorbei"!

Das schockte uns nur kurze Zeit.
Denn Monika, die kluge Maid,
sie hatte nicht vergessen
zu füllen einen Sack
mit was zu trinken und zu essen.

Mit diesem Sack und dicken Jacken
bis dahin Hartwig sich musst´ placken.
Doch jetzt, wir brauchten nur zu suchen
noch eine Bank, zu essen dort
den guten eigenen Kuchen.

Doch find mal einer eine Bank,
wenn er sie dringend braucht
und ihm nach einem langen Marsch
der Qualm aus
seinen Stiefeln raucht.

Auch diese Schwierigkeit ward
überwunden.
Wir haben eine Bank gefunden.
Zwar mussten wir den Talblick suchen.
Entschädigt hat uns Hartwigs Kuchen.

Gestärkt nach dieser Jause
wir brauchten keine lange Pause.
Über Rech und Mayschoß,
kaum zu glauben, jedoch wahr,
wir humpelten nach Altenahr.

Vor Federweißer, Federrot,
im Ort fast schon Erstickung droht.
Es ist beinahe nicht zu fassen
wie solches anlockt Menschenmassen.
Ja selbst der Eisenbahn-Fahrschalter
schwarz vor Menschen, oh Gott Walter.

Ermäßigt sei der Gruppenpreis
sagt dort ein Menschenschinder.
Worauf erfreut die Monika
zieht Fahrkarten für Kinder.

Jedoch, auch das ist wieder wahr,
Der Zug bringt uns nach Neuenahr.
Gefragt, sagt dort ein Taxifahrer,
ein echter und ein wahrer,
dass unser Auto, welch ein Mist,
geparkt 4 Km weiter ist.

Doch Hartwig sieht mit scharfer Sicht.
Das ist ein arger Taxiwicht.
Der will um alles in der Welt
von uns nur dickes Taxigeld.
Das ist ein Schwerenöter.
In Wirklichkeit sind´s 100 Meter.

Drum sagen wir getrost
im Chinarestaurant bald "prost"!
Nachdem wir dort recht gut gegessen,
die Füßequal war fast vergessen.

Wir "eiern", wieder ziemlich munter,
zu unser´m nahen Auto runter.

Doch an der nächsten Ecken
erfahr´n wir voller Schrecken,
und Moni wird ganz schlecht:
Der Taxifahrer hatte Recht.
Es ist tatsächlich wahr:
Wir sind noch nicht in Neuenahr!
Zum Auto sind´s 3 Meiler
am Reiterstandbild in Ahrweiler.

An Taxifahr´n ist nicht zu denken.
Wegen dortiger Kirmes können
die Hoffnung wir uns schenken.
Doch unmöglich zum Auto per pedes!
Da kommt ein freundlicher Mercedes.

Auch wenn der nur nimmt einen,
wir brauchen nicht zu weinen.
Denn dieser holt schon bald die andern.
Endlich vorbei das lange Wandern.

Zum guten Schluss ich nicht verhehle:
Die Füße schmerzten jämmerlich,
doch war es Balsam
für die Seele.

zwanghaft

Seh ich hier
dieses weiße Blatt,
das irgendetwas
an sich hat,

so meine ich,
ich sollte dichten,
um diese Weiße
zu vernichten.

So füll ich es
also mit Worten,
gleich wie ein Kaffeetisch,
gefüllt mit Torten.

Obwohl, ich hör
schon das Gemecker:
Die Torten ja,
die sind ganz lecker.

Doch deine Worte,
glaube mir,
die sind für niemand
von Pläsier!

Es hat ein jeder sein Pläsier

Dem einen ist´s das Dichten,
dem anderen das Bier.
Dem dritten ist´s das Wohnmobil
mit ständig neuem Weg und Ziel.

Das Leben ist ein Karussell.
Es dreht sich stets im Kreis.
Mal dreht es lahm, mal richtig schnell.
Es hat für alles seinen Preis.

Nicht jeder findet das heraus.
Nicht jeder hat das Glück.
Manch einer sucht ihm zu entflieh´n.
Doch fallen viele auch zurück.

Mahnung

Als schwarzer Fleck in winterkahler Erle
die Krähe hockt auf eines Astes nacktem Arm.
Ob ihr in ihrem schwarzen Kleid, bei ungewöhnlich warmer Märzensonne,
vielleicht schon wieder wird zu warm?

Ein Vorgeschmack vielleicht
auf einen dieser warmen Sommern,
wie man sie heute kennt
nicht nur in Hinterpommern?

Ob nicht die Gänse,
von der frühen Wärme wohl bewogen,
vielleicht verfrüht
gen Osten zogen?

Noch hat er nicht total verloren
nach strengem Winter, Vater Frost.
Noch hat er seine Waffen scharf.
Doch ist schon März. Das sei uns Trost.

Doch haltet euch bedeckt
ihr Blüten, ihr Knospen an den Bäumen.
Begnügt euch lieber noch ein wenig,
in euren Schalen vom Sommer nur zu träumen.

Schon manches Mal sah man ersterben
in einer einz´gen kalten Nacht
die ungeduldig aufgebroch´nen Träume
von duftig zarter Frühlingspracht.

Machs beste draus

Beim Arzt,
mit diesen langen
           Wartezeiten,
entschwebe dir dein Geist
in lichte Höhen,
           zarte Weiten!

Erkenntnis?

Steh ich am Rande
einer weiten warmen Sommerwiese
und stell mir vor,
dass ich mich niederließe hier.

Was würde dann
aus so viel zarten wunderschönen Pflanzen
und aus dem sogenannten
niederen Getier?

Zwar hätt ich oberflächlich das Gefühl,
ich läg´ am "Busen der Natur".
Doch wär es nicht in Wirklichkeit
ein rechtes Unglück nur?

Hätt´ ich nicht Leben ausgelöscht
und ganze Welten gar zerstört,
nur weil der Rausch der Sommerpracht
mir hat die Sinne so betört?

Ja, sicher wär das so gewesen.
Doch wär das wirklich gar zu schlimm?
Es wäre alles wieder schnell genesen.
Vielleicht war das sogar der Miniwelten Sinn?!

Vielleicht war´n sie sogar erkoren,
indem sie still erdulden ihre Pein,
in mir sich etwas sich entwickeln lassen,
ein kleiner Teil von einem größer´n Sein?

Ganz sicher sind's nicht harte Fakten nur,
aus denen diese Welt besteht.
Dazu gehören auch Gefühl, Bewegung,
wenn sie erblüht mit Grund und stetem Neubeginn.
Und darum denk ich künftig nicht so viel,
wenn ich mal wieder glücklich bin.

Wir beide 45 Jahre,
ein wenig dünn und grau die Haare.

Doch das ist gar nicht von Belang.
Denn immer noch besteht der Drang:

Wenn wir, was selten ist, mal sind allein,
wir lieber würden zusammen sein.

Ich denk, das ist ein starkes Zeichen.
Undankbar, wer will mehr erreichen.

Und das gerade heutzutage,
wo Ehe oft ist eine Plage.

Von vielen wird das so empfunden.
Oft "steigt man aus", nach wenigen Runden.

Oft wird man schnell sich wieder binden,
versucht, das Glück doch noch zu finden.

Nur, schleißt sich ab erst das Geküsse und Genecke,
bleibt leicht das Neue gleichfalls auf der Strecke.

Zum Glück sind wir nicht so gestrickt.
Wenn ich Dich seh, bin ich beglückt.

Und dies mal weniger, mal mehr.
Ich glaub, ich liebe Dich noch sehr.

Ich denke, dass auch Du mich magst.
Wenn Du in letzter Zeit auch klagst:

Ich würde langsam taub und stumm,
säße zu lange im Keller herum.

Doch seh ich das als Dein Signal:
Es ist noch so wie´s war einmal.

Zur Zeit wir beide werden schlank
und sind so gut wie nirgends krank.

Denn ob des Älterwerdens unvermeidliche Gebrechen
woll´n wir nicht klagen und auch nicht lange sprechen.

Es laufe unser Lebensschiff
noch möglichst lang nicht auf ein Riff.

Wenn's aber doch einmal sein muss,
sei uns beschert ein guter Schluss.

2007

Im Jetzt

Gemächlich kommt die Zukunft
hergezogen.
Pfeilschnell ist das Jetzt
verflogen.
Ewig still steht die
Vergangenheit.

Was helfen Hoffen uns und Bangen,
wenn wir in unsre Zukunft sehen?
Wie schnell ist alles dann vergangen.
Die Welt lebt ständig im Vergehen.

Sinnlos, zu hoffen nur, dass künftig alles
zum Besseren sich wendet.
Wie sieht man oft,
dass vieles dann im Chaos endet.

Das ist der Sinn jeder Vergangenheit,
dass man erkennt wie es gegangen,
und, dass man aus der Rückschau lernt,
es besser anzufangen.

Im Jetzt nur können wir was tun.
Nur gegenwärtig sein kann unser Handeln.
Vergangenheit und Zukunft
können die Welt nicht wandeln.

Jetzt sage ihr, dass du sie liebst.
Jetzt sage ihr wie schön sie ist!
Jetzt setzt dich ein, die Welt auch zu erhalten,
ihr Erbe richtig zu verwalten !

Noch ein guter Rat

Mit schmerzgeplagten
Weichteilen
lange im schwefeligen
Teich weilen !

Über die Ehe

Die Ehe ist ein Wechselspiel,
grad so wie überall im Leben.
Schnell schloss man sie,
oft wird´s zuviel.
Man fühlt sich aneinander kleben.

Dann zeigt sich die Mentalität,
auf einer, auch auf beiden Seiten?
Hat man Geduld, ist guten Willens,
versucht es zäh aufs Neue stets?
Oder ergibt man sich der Pleiten?

Wenn man der Pleiten sich ergibt,
erliegt man meistens einem Wahn.
Denn wer geschieden, frisch und froh,
bleibt nicht allein, ob Frau, ob Mann.
Der fängt ganz schnell was Neues an.

Und wer was Neues angefangen,
erkennt mit Glück sich bald als Tor.
Erkennt, dass nur gering verschieden,
das was ihn jetzt bedrängt,
zu dem, was war zuvor.

Doch oft ist er ein armer Wicht.
Selbst wenig Glück ist ihm nicht hold.
Er denkt erneut, es liegt für ihn woanders.
Er fühlt erneut sich eingeengt.
Bis er zum zweiten Mal sich trollt.

Inzwischen zieh´n dahin die Jahre!
Und irgendwann (vielleicht) wird er sich sehen,
an Stelle von erfülltem Leben,
vor Siegen, die er hat errungen,
vor einem Scherbenhaufen stehen.

Wie anders geht es meist dem Paar,
das sich gestellt den Forderungen.
Das nicht die Flinte warf ins Korn
weil Kugeln nicht mehr waren da.
Das mit dem Kolben schwere Siege hat errungen!

Verloren ging die Leidenschaft vielleicht
bei mut´gem Ringen und bei manchem Seitenhiebe.
Doch etwas wächst fast immer ihm:
Die Toleranz, Verstehen, Mitgefühl
und auch in vielen Fällen die dauerhafte echte Liebe.

2002

Mehr sein als scheinen

"Mehr sein als scheinen",
dieses Ideal
stammt aus der Zeit
"Es war einmal..."?

Es scheint nicht
aktuell zu sein.
Denn Konjunktur hat
heut der Schein.

Den zu erreichen
ist so leicht.
Weil niemand mehr
vor Scham erbleicht,

Wenn er beim
Bonitätentest
die Hosen ganz
herunterlässt.

Wenn sich herausstellt:
Nichts ist da,
leiht er sich was.
Tatü - Tata!

Und schon sitzt er,
mit Schlips und Kragen,
in einem dicken
neuen Wagen.

So weit – so gut.
Bleibt es dabei,
ist es noch nicht
zu dick das Ei.

Doch wie sieht´s aus
wenn andre Zwänge
ihn plötzlich treiben
in die Enge?

Es fällt
die Waschmaschine aus.
Ihm selbst fallen
Zähne raus.

Das kostet.
Manchmal nicht zu knapp.
Jetzt fehlt ihm Geld.
Darum, trapp – trapp

läuft er schnell hin
zum Geldverleiher.
Der zuckt die Achseln:
Nein, Herr Meier.

Bei Ihnen ist
nichts mehr zu holen.
Drum gibt´s von mir
auch keine Kohlen.

Auch möchte´ ich ernsthaft
Ihnen sagen,
den Ratenrückstand
nicht zu wagen.

Dann ist das Auto
auch verloren.
So was tun sicherlich
nur Toren.

Und dann, vielleicht,
in dem Moment,
Herr Meier sich
als Tor erkennt.

Er tritt zurück
von dem Vertrag
und sieht es künftig
nicht als Schmach

zu fahren einen
kleinen Wagen.
Ganz ohne Sorgen
und ohne Druck im Magen.

Der irische Täter II

In Irland ein Mann,
niemand weiß wie das kann,
ganz plötzlich beim Golf,
sich fühlte als Wolf.

Er biss auf die schnelle
entzwei alle Bälle
und war auch kaum träger
beim Zerbeißen der Schläger.

Lange sucht man nach Gründen.
Niemand konnte verwinden,
dass solch ein Mann
sich als Wolf fühlen kann.

Er gab sich und den Kindern
stets das Fleisch nur von Rindern,
die er selbst hochgezogen.
Das ist nicht gelogen.

Schließlich fand man den Grund,
warum er nicht ganz gesund.
Was ihr denkt, war es nicht, nee.
Er hatte nicht BSE!

Wohl deshalb in Sorge,
er hatte geschlafen
oft bei den Rindern
und auch bei den Schafen.

Es war der nächtliche tierische Äther,
der machte aus ihm den "Irischen Täter" !

Während es gießt in Strömen
die Menschmasse
strömt nach Gießen !

Liebe Tante Liesabeth,

> unter uns (sonst lustigen) Philosophen
> kann ich´s wagen,
> Dir auch mal einen
> ernsten Spruch zu sagen!

Nicht nur in Gedanken an Deine Einladung, sondern vor allem anbetracht Deiner inzwischen "reifen" Jahre bei noch relativ guter Gesundheit ist mir die folgende allgemeingültige Betrachtung durch den Kopf gegangen.

Nun ist meine persönliche Erfahrung: In Versen denkt es sich oft konzentrierter. Deshalb auch hier wieder der Reim. Das "Kinn" am Ende ist nicht alleine dichterische Freiheit, sondern soll auch das ganze relativieren, ihm den "tierischen Ernst" nehmen und letztlich die Fragwürdigkeit allen menschlichen Denkens zum Ausdruck bringen.

> Wird man mit 83 weise?
> Ist selten laut,
> dafür oft leise? –
>
> Vielleicht fehlt dem,
> der das geschafft,
> ganz einfach (mit der Zeit) die Kraft?
>
> Selbst wenn es wirklich
> das nur wär,
> fiel mir dazu ein Urteil schwer.
>
> Nicht nur der Jugend
> starkes Glück,
> auch Schwäche wird uns zum Geschick.
>
> Die inn´re Schwelle,
> früher nicht gefunden,
> im "schwachen" Alter wird sie oft überwunden.
>
> Grad solches Läutern gibt dem Leben Sinn.
> Gleich wem´s geschieht.
> dem altgeword´nen Menschen
> > oder schon dem Kinn!

Wir gratulieren Dir ganz herzlich zum 83. Geburtstag und wünschen Dir noch viele gute Jahre!

2002

Eigenlob

Im Dichten bin ich
lang schon gut.
Ich setz nur auf
den Dichterhut

und schon geht´s
an die Dichterei.
Und immer kommt
was raus dabei.

Von Qualität
will ich nicht sprechen.
So manches musste
ich schon brechen

geschloss´nen Auges
über´s Knie.
Wobei der Text
oft schrecklich schrie.

Erstickt war alles
schon im Keim.
Jedoch es reimte
sich der Reim.

So bin ich Dichter
weiterhin.
Wenn auch in ganz
speziellem Sinn !

Gründliche Arbeit

leistet der Serienkiller Zebens.

Denn bei Herrn
Zebens Leichen
sucht man umsonst nach
Lebenszeichen !

So macht ein jeder sich zu schaffen

Der Enkelsohn die Nägel kaut,
die Enkelin macht in die Hose.
Und was bei ihr dann hint´ raus kommt
ist meistens braune Soße.

Der Opa mit dem Finger bohrt
in seiner alten Nase.
Das schlägt ihm plötzlich unverhofft
auf seine gleichfalls alte Blase.

Die Mama ihren Kuchen rührt,
bis dass kaputt die Hefe.
Den draus entstandenen Knochencake
nennt sie geschickt "Schlaraffen-kefe".

Der Papa surft im Internet.
Das macht 4-eckig seine Augen.
Und das sind dann 8 Augenwinkel.
Doch das will er nicht glauben.

Die Oma kommt vor Angst fast um,
wenn´s in den Urlaub geht.
Doch, dass das alles für die Katz,
sie hinterher nicht gern gesteht.

So macht ein jeder sich zu schaffen.
Ein jeder hat etwas zu tun.
Doch nie entwickle Dich zum Affen.
Entwickle lieber Dich zum Huhn.

Dann kannst Du stolz,
nach all dem Rackern,
noch einmal
triumphierend gackern !

Bedauerlich,
        dass du denkst, ich
belauer´ dich!

Liebe Dorette

Ein Muttertag
wie er Dir heute ist,
kann kaum noch überboten werden.
Drum denk ich,
dass Du glücklich bist,
soweit das möglich ist auf Erden.

Dass das nicht immer ist gegeben
und, dass das anders
schon mal war,
das musstest Du auch einst erleben.
Es war das Gegenteil von Glück
und ganz und gar nicht wunderbar.

Doch ist so nicht
des Lebens Lauf?
Geht es nicht allen Menschen so?
So wie das Wetter ändert sich,
so sind wir schon mal tief betrübt,
doch morgen oft schon wieder froh.

In diesem Wechsel, denke ich,
da liegt auch das Prinzip.
Es liegt der ganzen Welt zu Grunde.
So der Gezeiten Wechselspiel,
auch gut und schlecht und Tag und Nacht,
wenn um die Sonne zieht sie ihre Runde.

In diesem Wechsel lernen wir
den Sinn des Lebens zu erfragen
und nicht zu werden starr und steif.
Denn nur, wenn wir elastisch bleiben
wir werden
für Erkenntnis reif.

So nimm getrost
das Leben an
und sage "Ja" zu allem.
Freu Dich an Deinem Muttertag
und denk nicht heute schon daran,
dass es vielleicht Dir könnte auch mal nicht gefallen.

2007

Gedanken zu einer handgedrehten Keramik I

Steingut
heißt dieses Material.
Es ist also
ein Gut aus Stein.

Betrachtet man es
andersrum,
wird´s auch
recht guter Stein wohl sein.

Natur schliff ihn
aus Stein zu Staub.
Der Mensch
kann den gebrauchen.

Mit Witz
und seiner Findigkeit
kann längst im Feuer er erneut
zu bess´rem Stein ihn schmauchen.

Geformt zu Schönheit
kann er nun
dem Menschen lange
Dienst noch tun.

Gewohnheit

Gewohnheit ist so eine Sache,
die oft bewirkt, dass ich laut lache.

> Der eine greift sich an die Nase
> als hätt´ er dort ´ne Pustelblase.

Der and´re kratzt sich hinter´m Ohr,
und das kommt fast minütlich vor.

> Der nächste will nichts *schmoren als*,
> es sei denn nur in *Ohrenschmalz.*

Und was den Braten angeht schwor
ein Mitmensch nur auf Schweineohr.

> Ein weit´rer prügelt seine Frau
> gewohnheitsmäßig blond und blau.

Wenn sie dann jammert, er noch höhnt:
Ich denke, du bist dran gewöhnt!

> Und wieder jemand, in Gedanken,
> steht nasebohrend vor den Schranken.

Gewohnheitsmäßiger Nasbohrort.
Denn jeder Zug kommt nicht sofort.

> Gewohnheit ist oft Naserümpfen:
> "Ganz gleich, ob ohne oder auch in Strümpfen –

Frau Müller, die hat krumme Beine!
Und doch sieht man sie nie alleine"!

> Herr Meier fährt ´nen dicken Wagen.
> Nur die Art wie, ist zu beklagen.

Gewöhnlich fährt er lahm und kommt nicht von der Stelle.
Doch gestern raste er vorbei. Nur knapp vermied ich eine Delle.

> Vor kurzem hatt´ ich Ischias.
> Das Humpeln machte keinen Spaß.

Doch als der Ischias vorbei, bemerkte ich nach Tagen heiter:
Ich humpelte tatsächlich weiter.

> Der Mensch liebt die Gewohnheit stets.
> Dann braucht er nicht so viel zu denken.

Er kann statt dessen unbeschwert
die Lästerzunge fröhlich schwenken.

Zwiegespräch

Die Kerze sprach zum Zündholz:
"Wehe! – Wenn Du mich brennst,
so bist Du tot.
Und ich in meiner Pracht
vergehe in großer Pein und Not"!

Das Zündholz, sanft, in sich gekehrt,
betrachtet still die Kerze.
"Wenn Du nicht willst,
brenn´ ich Dich nicht.
Doch meine Worte wohl beherze:

"Wir beide sind bestimmt, zu brennen.
Nur dazu gab man uns das Leben.
Denn nur, indem wir uns verbrennen,
wird Wärme es und Licht
auch geben.

Verzweifelt manch ein Menschenkind,
verwirrt im Sturme der Gezeiten,
durch uns vielleicht sich wieder find´,
wenn wir ihm Wärme, Trost
und Licht bereiten".

Die Kerze seufzte tief und sprach:
"Ich glaube, Du hast Recht.
Ich will die Hoffart fahren lassen,
in Demut dienen
als ein Knecht".

So brennt sie nun mit stillem Schein,
berührt uns tief im Herzen.
Wir wollen dafür dankbar sein
und freuen uns am
Glanz der Kerzen.

Gedanken zu einer handgefertigten Keramik II

Umschlingt sie ihn?
Umschlingt er sie?
In beiden eine
          Sehnsucht schrie!

Was ist es,
was sie zueinander trug?
Sind beide sich
          nun auch genug?

Ist nun die Sehnsucht
auch gestillt?
Vielleicht, dass neue
          Sehnsucht quillt?

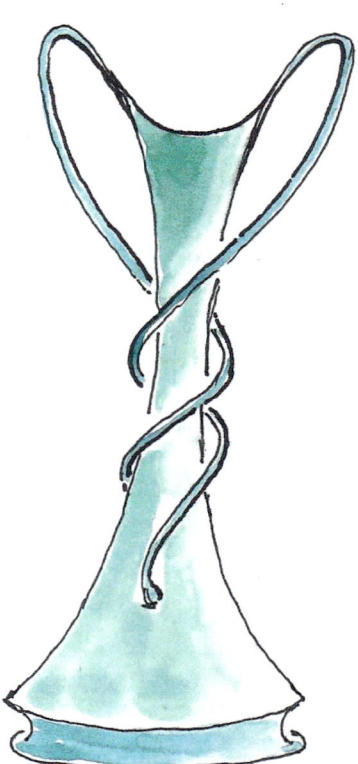

Richard von W.

Was reimt sich wohl
auf *Rosenheim*?
Da wär zum Beispiel
Hosenreim.

Das reimt nicht nur,
das ist verdreht.
Wie schön, wenn jemand
das versteht.

Obwohl, es gibt ganz
andre Sachen.
Da kann man schmunzeln,
sogar lachen.

Wo sich durch Zufall
was ergibt
als hätte man
daran geübt.

Ein Walfisch manchmal
ist genügsam.
Er lebt dann wirklich *tagelang*
von einer einz´gen *Lage Tang*.

Auch anrüchig und
sehr suspekt,
lässt missen manchmal
den Respekt.

So geht's dem
Richard von Weizsäcker.
Bei ihm wird dreist es
oder kecker.

Ich hör schon die Empörung
und sicher das Gemecker
wenn dieser Name sich verdreht
in *Weizhard von Richsäcker*.

Es ist ein zweifelhaft Vergnügen.
Dem einen wird´s gefallen.
Ein andrer wird
es rügen.

Doch so geht es
mit vielen Sachen.
Den einen bringt´s zum Heulen,
den anderen zum Lachen.

Ruhestand

Von hier hab ich den Meeresblick,
von dem Balkon im fünften Stock.

Die Wolken laufen hin und rück.
Ich trinke Diebels-Bock.

Was ist es doch ein eigen Ding,
den Müßiggang zu pflegen.

Der Welt gelassen zuzusehen
und keine Hand zu regen.

Wenn man bisher stets rührig war
und plötzlich ist man ohne Pflichten,

ist solch ein Zustand wunderbar.
Doch sollte man auch hier sich nach gewissen Regeln richten.

Da wäre Regel Nr. 1,
solch gutes Leben nicht zu übertreiben.

Sonst wird man sicher sich dabei
allmählich, schleichend, selbst entleiben.

Denn Müßiggang und Cholest´rin raffen auch den stärksten hin.
Dazu Bewegungsmangel.

Drum Freund, bedenke diesen Rat:
Häng´ niemals an der Bockbier-Angel.

Bleib munter, auch im Ruhestand.
Bleib nicht auf dem Balkone kleben.

Beweg dich wo es immer geht.
Dann wirst du noch recht viel erleben.

Der Miedergrabscher

Ein Miedergrabscher ist ein Mann,
der Mieder grapscht so oft er kann.

Bis man ihm "auf die Finger hau",
verurteilt ihn zu Geld und Bau.

Falls in ihm steckt ein *Biedermann*,
beugt er sich dann dem *Miederbann*

und sagt sich nun: "Ich werd´ nie wieder
nicht einmal anschau´n diese Mieder.

... und ihn beschlich ganz
          leise Rust,
das Gegenteil von
          Reiselust.

Bäume

Nebst Tamarinden und Zypressen
in *Babel kaum*
fand jemand
einen *Kabelbaum.*

Autos mit ihren
Kabelbäumen
gab´s damals selbst
nicht in den kühnsten Träumen.

Gedanken zu einer handgefertigten Keramik III

Ich weis genau,
dass ich einst turne
in eine solche
kleine Urne.

Doch hoffe ich,
es ist noch weit.
Also genieß ich
meine Zeit.

Doch dann kommt
schon mal ein Gedanke,
an dem ich
hin und wieder kranke:

Wenn ich am
süßen Leben nasche,
bin ich´s,
das spät´re Häuflein Asche?

Kann Asche
eigentlich genießen?
Kann ihr all dieses
denn entsprießen?

Was innen wirklich
lebt in mir,
das flüstert:
Überlege gut es dir !

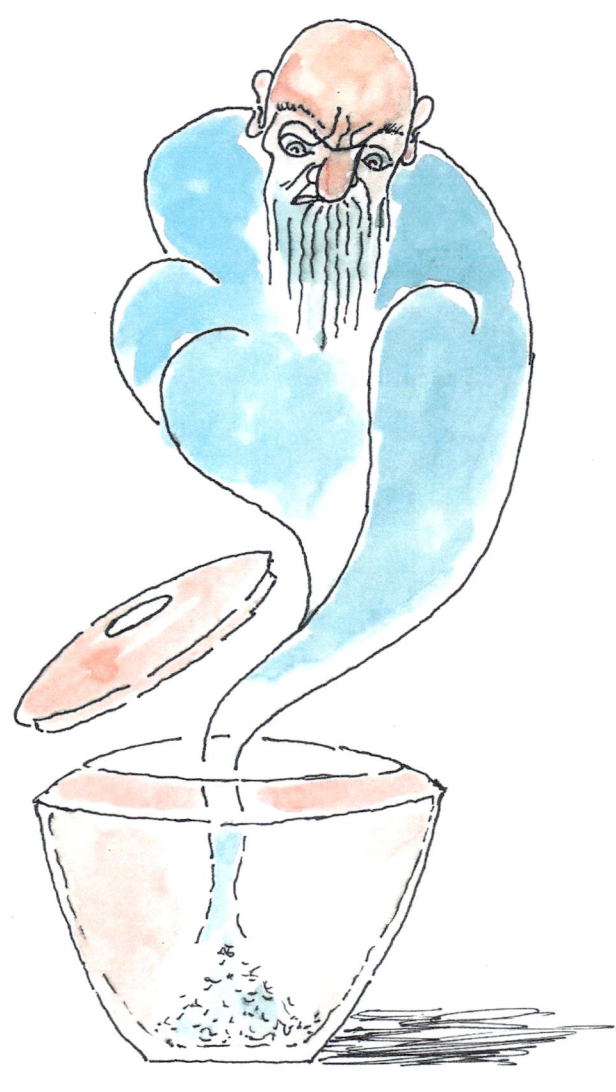

"Starlight-Express"

Bei so viel Jahren
           volle Hallen
vor Staunen selbst Frau
           Holle fallen
besonders viele
           Bederfetten
aus ihren weichen
           Federbetten.

Gildemeister
           waren selten
               milde Geister !

Hoch seh ich weiße
           Wolken fliegen.
Zu ihnen wend´ ich
           meinen Sinn.
Wie kann ich erdgedrückt
           nur denken
mit hochgewandtem
           Herz und Kinn !

Trübe Stimmung,
                   Nieselwetter
macht meistens auch kein
                   Wiesel netter.

Lieber Eidam

6 x 6 ist 36 !
Die hast Du jetzt voll.
Wir wünschen Dir, dass dieser Tag heut´
werde schön und richtig toll !

Wir gratulieren zum Geburtstag
und freuen uns mit Dir.
Auch für die Zukunft alles Gute,
Du wahre Manneszier.

Ernähre weiterhin die Deinen
und das nach Möglichkeit nicht knapp.
Du selber bist ja auch schön rund
und deshalb auch nicht schlapp.

Bei Judo und auch bei Karate
stählt man den Körper und den Geist.
Das heißt nicht: Du sollst ständig "kämpfen".
Sei lieber friedlich allermeist.

Verwechsle nie
das Internet
mit Deinem warmen
Ehebett.

Sei viel für Deine Kinder da.
Selbst wenn sie "platt" Dich machen, breit.
Erinnre Dich an Deine Kindheit,
an Deine Jugendzeit.

Wenn Du beherzigst solchen Rat
und treu Dich hältst an solche Regeln,
kannst Du erwarten in der Tat,
wird´s Leben wohl
                   kaum heftig mit Dir "kegeln".

Gedanken zu einer handgefertigten Keramik IV

So wie beim Menschen
oft die Nase,
gefällt der Henkel mir
an dieser Vase.

Die Vase ist auch so
nicht schlecht.
Die Form und die Gestalt
sind recht.

Doch hebt der Henkel
erst die Form
hervor und damit
aus der Norm.

Das schätzen Frauen
schon recht lange.
Sie kaufen ungern
von der "Stange".

Das ist der Grund,
behaupt ich keck,
warum sie sogar noch betonen
den sonst nur blassen Leberfleck.

So setzen sie ein Zeichen.
Dass man sie
ganz genau ansieht,
sie damit stets erreichen.

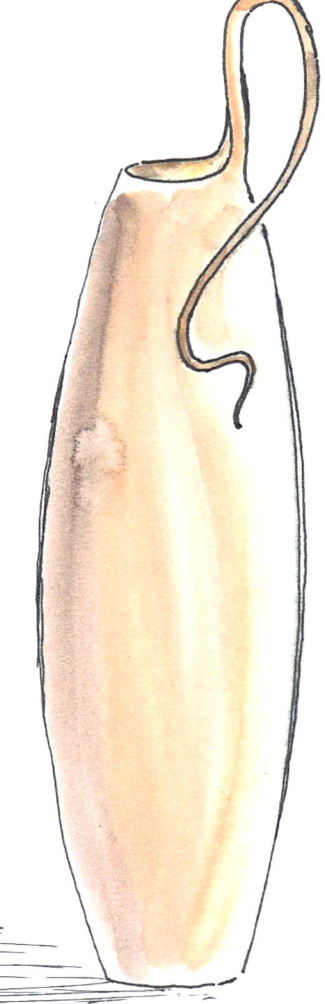

www.WAZ.de

Reimen Sie los !

Auf geht´s in die zweite Runde des Online-Gedichte-Spiels !
Reimen Sie los mit: **Herz, Strand, Engel, zapfen, schwitzen**.

Ein Spiel für die Zeitungsleser im Dezember 2006. Nachfolgend mein Beitrag, der allerdings nicht angenommen wurde:

> Hab´ einst verloren
> mein **Herz** am **Strand**,
> da wo ich Dich,
> meinen **Engel** fand.
>
> Statt wie damals
> braun in der Sonne zu **schwitzen**,
> seh ich uns jetzt
> gemütlich im Schatten sitzen.
>
> Wir lassen uns
> zwei Bierchen **zapfen** und bringen,
> zu denen wir plaudern
> und fröhlich singen.

Der Herr Professor
Weber lehrte
uns alle wichtigen
Leberwerte !

Und hier sieht man das
          Bummel-Hildchen,
betrachtend still ein
          Hummel-Bildchen.

Liebe Ingrid

Dir zu Ehren
will ich der Reimeslust
mich nicht erwehren.

Drum setz ich mich
jetzt hin zum Reimen.
Doch siehe da! –
Es will nichts keimen!

Kein Verslein naht sich
meinem Sinn.
Ich fürchte,
heute ist nichts "drin".

Der Pegasus,
das Dichterpferd,
ist heute nicht
den Hafer wert.

Du siehst,
mein Reimen nur ist "Blech".
So lass ich´ s denn
entschlossen wech (g).

Heut schick ich
Grüße ungereimt.
So sind in Prosa
wir vereint!

Ich werde täglich bitten ihn

Seh´ ich die Sonne
am Himmel stehen,
beobachte
ihr Weitergehen,

betrachte ihren
Tageslauf,
so geht mir eines
deutlich auf:

Das ist der Rhythmus
unserer Welt.
Und ohne ihn
wär´s schlecht bestellt

um alles was hier
kreucht und fleucht.
Da gibt es ein System
mich deucht,

das unser aller
Leben regelt,
und zwar ganz klar eins nach Gesetzen
und keins, das würfelt oder kegelt.

Nun frage ich:
Warum denn das?
Hat jemand an
uns Menschen Spaß?

An Wesen,
so unendlich dumm.
Für wen kommt dabei
etwas rum?

Man zeigt auf Gott
und seine Liebe. –
Ich werde täglich bitten Ihn,
dass er bei seiner Liebe bliebe!

Drum halte man die Zunge kurz

Stets gab er sich ganz ungeniert,
hat eine Lippe groß riskiert,
hielt elegant die Zigarette
und führte eine *lockre Zunge*.

Jetzt ist er still
und hustet nur
und hat
ne *zockre Lunge*.

Drum halte man die Zunge kurz
und schränke ein das Rauchen,
damit man Zunge und auch Lunge
noch lange kann gebrauchen.

Ernüchternd

Mit Sex
        verdiente sie ihr Geld.
Den Körper
        sah die ganze Welt.
Doch jetzt,
        oh weh – wie gräuslich,
wird sie
        hausbacken häuslich!

Beim Einsetzen der
        Zahnspange
mit einer
        Spahnzange
geriet ein
        Zangenspahn
in einen
        Spangenzahn.

Lieber Freund,

auch diesmal wieder
hörst Du von mir
gereimte Lieder.

Du weißt,
ich liebe nun mal Verse
und ganz besonders
kontroverse.

So sagt sich manches
nicht zu hitzig.
Manch anderes
wird dadurch spritzig.

Denk ich an Dich,
was fällt mir ein?
Es könnte rundum
besser sein.

Doch vieles könnte sein
auch schlimmer.
Drum fall ich jetzt
nicht in Gewimmer.

Ich hoffe, auch Du
siehst das so:
Weil manches gut ist,
sei man froh.

Du kennst das Gleichnis
von dem Glas.
Natürlich ist
der Inhalt nass.

Doch find ich
dessen Ansicht toll,
für den das Glas nicht halbleer ist,
sondern noch bis zur Hälfte voll!

Sieht man "halb leer",
zog man die Niete.
Sieht man "halb voll",
ist es bereits die halbe Miete.

Wir haben drinnen
in uns stecken
etwas vom Weisen
und vom Gecken.

Welcher heraus kommt,
oft mit Knall,
entscheidet sich
von Fall zu Fall.

Und oft seh´n wir,
doch dann zu spät:
Der falsche hat
sich da gebläht.

Dann hören wir,
manchmal ganz leise,
tief innen, wie er lacht,
der Weise.

Wie er erneut
sich amüsiert
und fragt, wenn endlich
wir kapiert,

dass wir es haben
in der Hand:
Den Weisen wählen
mit Verstand.

Erst festes Wollen
und Erfahrung
bringt dazu den Entschluss
zur Garung.

Und dann, auch dieses
still und leise,
öffnet sich eine
schmale Schneise.

Zwängt man sich jetzt
in sie hinein,
so kann das äußert
fruchtbar sein.

Für den,
der dabei konsequent,
gibt es bestimmt
ein Happyend.

Ich hoffe, das
mein "Schleierkraut"
die Laune Dir hat
nicht versaut !

Schnellschuss

Ich seh am Weiher
Gänse stehen,
die komisch ihre
Hälse drehen.

Ich seh genauer hin
und ahn´ :
Das ist bestimmt
Geflügelwahn.

Ich zeige das auch meiner Frau.
Doch die sagt, <u>ich</u> sei vielleicht krank,
hätt alle Tassen
nicht im Schrank.

Es sei doch wirklich
nicht zu fassen.
Es seien offensichtlich nur
mir fremde Gänserassen.

So geht´s mit manchem
schnellen Schluss.
Er geht nach hinten los
als Schuss !

Sitterbalz

Ein Sittig, Sitter auch genannt,
sitzt still auf seiner Stange.
Da sitzt er nun, ganz teilnahmslos
und zwar schon viel zu lange.

Frau Sitter sitzt gleich nebenan
und putzt sich das Gefieder.
Dabei vermisst die deutlich sehr
des Sitters Liebeslieder.

Nun ist sie wirklich attraktiv,
und grade das lässt staunen,
dass er nun überhaupt nicht kommt
in Liebeslieder-Launen.

Doch der erfahr´ne Züchterblick
weiß auch hier guten Rat.
Man greift hinein ins Schächtelchen
und wirklich, in der Tat:

Der Sitter von der Stange hüpft
und pickt begierig auf.
Nach fast genau nur zwei Minuten
nimmt die Natur jetzt ihren Lauf.

Er öffnet seinen Schnabel weit.
Zum Singen ist er jetzt bereit.
Er singt von Liebeslust und –schmerzen.
Frau Sitter geht das recht zu Herzen.

So merke dir,
dass **Bittersalz**
ganz sicher führt
zur **Sitterbalz.**

Und ist dir einmal nicht zu Mute,
komm´ die Erfahrung dir zu gute.
Dann denke mal an Bittersalz.
Doch wisse, dass es kratzt im Hals.

Ihr gebt mir zu verstehen

Ihr gebt mir zu verstehen,
dass nichts mehr an mir sei
     als Knochen, Haut so knitterig
     wie Altpapier.

Doch habt ihr je gesehen,
dass da noch andres ist,
     ein reiches, ausgereiftes Leben,
     das innen steckt, ganz tief in mir.

So wie ihr seid zur Zeit gestrickt,
seid ihr unfähig solcher Sicht.
     Ihr seht die Oberfläche nur,
     das Alter, Unbeweglichkeit und Gicht.

Macht euch die Mühe, nehmt die Zeit,
bei all eurer Betriebsamkeit.
     Seht tiefer bis zu jener Schicht,
     wo sich euch zeigt an anderes Gesicht.

Es ist nicht nur die Altersschwäche,
die mich so sehr nach innen richtet.
     Erfahrung und Erkenntnis haben
     mir zur Bewahrung diese Hüllen klug geschichtet.

Seht tiefer. Denn dann findet ihr, dass jede Zeit
hat ihren Reiz, dass jede Zeit hat ihren Sinn.
     Und wenn ihr das verinnerlicht, seht ihr sogar
     auch sehr viel Zukunft noch darin.

Ja, es ist schwierig
zu begreifen,
     dass oft die besten Früchte lange brauchen,
     um wirklich gründlich erst zu reifen.

Der Silberfisch

Da läuft
auf unserm Küchentisch
einher
ein kleiner Silberfisch.

Was sucht er hier,
auf dieser kahlen Platte,
wo meine Frau seit gestern Abend
auch wirklich nichts mehr stehen hatte.

Doch sah ich manches Mal ihn schon,
Wenn ich mit Licht ihn überraschte.
Es muss da wirklich etwas geben,
an dem bisher er gerne naschte.

Man darf,
um solches zu verstehen,
die Relativität nicht
übersehen.

Was für uns klein,
ist für ihn groß.
So fragt er sich:
Wie kann man bloß

dies riesengroße Zuckerstück
so einfach liegen lassen?
Für mich ist das ein großes Glück!
Ich kann es noch kaum fassen.

Davon der Silberfisch
lebt wohl drei Nächte.
Wer kann es ihm verdenken,
wenn er erneut so etwas finden möchte.

Drum sei als Mensch
man tolerant.
Auch dazu hat man
den Verstand.

Zu akzeptieren
manche Sachen,
ohne sich gleich
ein Bild zu machen.

Denn Sinn
hat wirklich alles hier.
Auch wenn´s nicht gleich
verständlich mir.

Nichts desto trotz !

Ich möchte bersten
oft vor Glück.
Doch schnell holt mich
mein Fleisch zurück.

Mal sticht es hier,
mal zwickt es dort.
Gepiesackt werde ich
immerfort.

Und sollt´ es kurz
mal nicht so sein,
stellt sich was andres
störend ein.

Das weiß ich nun
schon lange Zeit.
Drum sag ich jetzt:
Ich bin es leid.

Von jetzt ab, sag ich,
ohne Scherzen,
ich ignoriere
solche Schmerzen.

Jetzt soll ich zeigen
welche Pein
mich abhält noch
vom Glücklichsein !

Was in den Alpen
       Tauernbölpel,
nennt man im Flachland
       Bauerntölpel.

Drei Fragen

Und hättest du viel Geld
    mein Sohn,
es würde dir
    nicht nützen.

Es könnte dich
    auf keinen Fall
vor einem Ungeist
    schützen.

Dem Ungeist
    Unzufriedenheit
mit einem letztlich
    guten Leben.

Was braucht man denn
    von allem mehr
als das, was uns
    bereits gegeben?

Warum sein Sinnen
    und sein Trachten
stets richten nur
    auf äußre Dinge?

Ist es nicht eh´r
    ein Lebensziel,
dass man im Inneren
    Gewinn erringe?

Warum vergessen
    wir zumeinst:
Was von uns einzig überlebt
    ist wirklich nur der Geist !

Wie der Frosch zu seinem breiten Maul gekommen ist

Saß da doch ein Frosch im Baum.
Niemand weiß wieso?
Der Grund ist, weil am Tag zuvor
er vor einem Igel floh.

Da sprang er,
man glaubt es kaum,
in Todesangst
hoch in den Baum.

Nun sitzt er da,
nicht froh, nicht munter.
Fragt sich verzagt:
Wie komm ich runter?

Da er sich wirklich
nicht weiß Rat,
lässt er sich fallen,
in der Tat.

Kopfüber unten
angekommen,
schnappt er nach Luft,
total benommen.

Er merkt mit Schreck
nach einiger Zeit:
Sein schmaler Mund
ist jetzt ganz breit.

Sein Hobby ist,
zu lieben deftig.
Deshalb vermehrt
er sich auch heftig.

So haben stets
mehr Quappen-Kaul
die Anlage
zum breiten Maul.

Der Bumerang

Über mir schwebte
tagelang,
erst kaum bemerkt,
ein Bumerang.

Hat er den Rückflug
denn vergessen?
Hat er das Wissen dazu
nicht besessen?

Was will er dort?
Was ist sein Ziel?
Solcherart Fragen
stell ich viel.

Schwebt er symbolisch da
als ein Verhängnis?
Kommt Krankheit mir
oder Gefängnis?

Ich bin bedrückt.
Was mag mir drohen?
Schon seh ich
Feuerbrände lohen.

Es drückt mich tief
des Schicksals Macht.
Ich schlafe kaum noch
in der Nacht.

Doch plötzlich,
eines Tags am Morgen,
vorbei sind alle
meine Sorgen.

Ich sehe
wie sich etwas regt.
Der Bumerang
hat sich bewegt..

Ungläubig staune ich,
euphorisch, heiter,
Der Bumi fliegt
tatsächlich weiter.

Es hing wahrhaftig
über mir
Damokles Schwert.
Oh glaube mir.

Was ließ davon mich
diesmal kommen?
Ich ahne es
nicht mal verschwomme

Doch lernte ich
in diesen Nächten:
Mit Schicksals Macht
ist nicht zu rechten.

Nur demütig der Mensch
kann sein
und wenn´s ihm gut geht
still sich freu´n.

Voll Dankbarkeit
sein Leben leben
und nicht nach
eitlen Dingen streben.

Gar schwankend ist
ein jedes Bauen,
das nicht beruht
auf Gottvertrauen.

Frust

Einst bin ich
durch den Teich geschwommen
um endlich auf
die Welt zu kommen.

Als ich dort ankam
schrie ich laut.
weil man mir
auf den Hintern haut.

So ging es dann
beständig weiter.
Ich steckte dauernd Prügel ein.
Nur selten war mir heiter.

Das Leben ist ein Jammertal.
Wie wahr das ist, musst ich erfahren.
Manch einer lernt das schon sehr früh,
ich erst in 72 Jahren.

Wüsst´ ich nur wo der Teich gelegen,
ich stürzte wieder mich hinein.
Doch hielt ich Ausschau nach dem Storch.
Dass der mich nicht erneut fängt ein.

Dankbarkeit

Denk ich in stiller Stunde Dein
und auch an unser beider Leben,
so drängt sich der Gedanke auf,
ein Grund für Dankbarkeit sei sehr gegeben.

Zwar ging es auch "hoch her" bei uns.
Und alles war kein Honiglecken.
Auch viele lange Jahre mussten wir
uns nach der "Decke strecken".

Doch haben wir erreicht die Ziele,
die wir uns vorgenommen haben
und können heute, ganz vergnügt,
uns am Erreichten laben.

Zwar zwicken manche Zipperlein
uns an verschied´nen Ecken.
Doch haben wir auch den Humor,
uns notfalls damit noch zu necken.

Denn besser wird durch jammern nichts.
Und nichts erreicht man je durch klagen.
Zum Älterwerden muss man schon
gewisse Macken klaglos tragen.

Bedenken wir so unsern Fall,
so dürfen wir nur fröhlich sein
und können letztlich unbesorgt
sogar erwarten noch Freund Hein.

Denn der steht stets an jedem Ende.
Das ist auch gut so eingerichtet.
Ich bin´s zufrieden, wenn zum Schluss
die Verse hier zu End´ gedichtet.

Lebensgang

Die Jahre ziehen
1 – 2 – 3
als Kind an einem
lahm vorbei.

Auch wenn man
7 – 8 – 9 – 10
sie immer langsam
noch vergeh´n.

Wie quälend langsam
sie vergeh´n
erfährt man recht
mit siebenzehn.

Denn dann will man
erwachsen sein.
Vom Elternjoche
sich befrei´n.

Dann will man steh´n
auf eignen Füßen,
nicht mehr auf and´re
hören müssen.

Endlich das eigne
Geld zu haben,
sich an der großen
Welt zu laben.

Doch kaum ist
alles dies erreicht,
die Änderung
sich schon einschleicht.

Ganz unbemerkt
neigt sich die Wippe.
Was vorher stieg,
nun langsam kippe.

Inzwischen ist man
20 – 30.
Gleich, ob bequem man war,
ob fleißig.

Geschwind läuft jetzt
der Zeiten Fluss,
in dem ein jeder
schwimmen muss.

Zum ersten Mal
man dreht sich um.
Erkennt verduzt:
Die Zeit ist rum!

Die Zeit, die endlos
lange ging,
war, jetzt besehen,
ein kurzes Ding.

Mit 30 – 40
gibt's der Ziele
gewöhnlich mehrere,
oft viele.

Und allen diesen
jagt man nach,
durch Freude und
durch Ungemach.

Dadurch ist man
so recht im Schwung.
Elastisch hält das
und auch jung!

Wieso denn jung? –
Das war am Anfang doch kein Ziel.
Davon hatt´ in der Jugend man
doch lange viel zu viel.

Strebt man nach Jugend nur,
so schließt sich hier der Kreis.
Oft bleibt man ihm verhaftet,
mit 80 noch als Greis.

Es muss also
noch andres geben,
wonach man unruhig ist
und sucht zu streben.

Ein wirklich
unvergänglich Gut,
das tief im
Unbewussten ruht.

Und diesem dient
der Zeitenfluss,
dem schneller jetzt
man folgen muss.

Und ist man klug,
man das versteht.
Man häufiger
nach innen späht.

Und dringlicher
wird man erfahren,
dass einem wenig
bleibt an Jahren.

Denn relativ
ist unsre Zeit.
40 ist 80 gleich,
gemessen an der Ewigkeit.

Themenbereiche

A)   Geburtstage / Hochzeitstage / Ehe u.ä.
Seiten 5 – 7 – 9 – 12 – 15 – 22 – 25 – 27 – 28 – 38 – 39 – 40 – 41 –
       42 – 43 – 44 – 57 – 60 – 62 – 63 – 66 – 67 – 69 – 78 – 80 – 81 –
       82 – 84 – 85 – 89 – 194 – 106 – 122- 125 – 128

B)   Muttertage. aus der Sicht des Ehemanns und Vaters
Seiten 16 – 45 – 71 – 86 – 91 – 112

C)   Weihnachten / Neujahr
Seiten 30 – 47 – 72 – 87 – 93

D)   Kindergeschichten
Seiten 14 – 31 – 32 – 33 – 48 – 59 – 74 – 96 – 97 – 115

E)   Nachbarn
Seiten 18 – 35 – 50

F)   Urlaub / Ausflüge
Seiten 19 – 36 – 51 – 76 – 99 – 100– 118

G)   Romantik
Seiten 22 – 36 – 53 – 56 – 75 – 77 – 102

H)   Politik
Seiten 21 – 37 – 55

I)   Allgemeine Betrachtungen / Nachdenkliches
Seiten 4 - 5 – 6 – 8 – 10 – 11 – 13 – 14 – 16 – 20 – 23 – 24 – 26 – 27 –
       28 - 29 – 34 –36 – 38 – 40 – 43 – 44 – 46 – 47 – 51 – 52 – 56 –
       58 - 59 – 61 – 64 – 65 – 68– 70 – 73 – 75 – 77 – 79 – 86 – 88 –
       90 – 92 – 95 – 98 – 101 – 102 – 103 – 105 – 107 – 109 – 110 –
       113 – 114 – 116 – 120 – 123 – 129 – 130 – 131 – 132 – 133 – 134
       – 135 - 136 – 137 – 138 – 139

J)   Schüttelreime / Nonsens
Seiten 8 – 10 – 12 – 15 – 17 – 19 – 24 – 26 – 28 – 29 – 34 – 37 - 38 –
       43 – 45 – 46 – 50 – 53 – 56 – 58 – 61 – 68 – 76 – 88 – 92 – 95 –
       88 – 108 – 111 – 117 – 119 – 121 – 124 – 126 – 127

K)   Splitter
Seiten 7 – 10– 14 – 24 – 26 – 27 – 50 – 51 – 66 – 73 – 85 – 88 – 92 – 98
       – 102 – 105 – 108 – 110 – 111 – 119 – 121 – 122 – 124 – 125 –
       127

Seite   Überschrift / Anfang   illustriert X

Weitere „Schreibereien" des Verfassers sind:

ZUM SCHEIBENTÖPFER IM SELBSTUNTERRICHT
Keramisches Bilderbuch von A – Z (300 Seiten)

LEBENDIGES WASSER IM EIGENEN HEIM
Zimmerbrunnen aus Keramik (90 Seiten)

NABELSCHAU
Ein möglichst objektives Tagebuch (rd. 800 Seiten – noch nicht
abgeschlossen)

Ganz großer **Dank** geht an meine liebe Frau Doris!

Sie hat mit unerschöpflicher Geduld und grenzenlosem Verständnis meine zeitaufwändigen Abwesenheiten, schreibend am Computer und, für ein ganz anderes Buch, bei der „Grundlagenforschung" an der Töpferscheibe - hingenommen und tut das hoffentlich auch zukünftig.